회사는 당신의 노후를 절대 책임지지 않는다

조영만 지음

박영books

머리말

먼저 어떤 순간에도 늘 함께해주며 날 응원해주는 세상에서 가장 사랑하는 아내 박주영에게 감사와 사랑의 마음을 전합니다. 내 삶에 최고의 에너지가 되어 주는 비타민 사랑하는 아들 하준아 고맙다. 아빠는 늘 너에게 자랑스런 아빠가 되고 싶단다. 새벽마다 기도와 눈물로 보이지 않는 곳에서 응원해주시는 어머님, 든든히 삶으로 성실함을 가르쳐 주신 아버님 감사합니다. 최고의 섬김으로 늘 사랑을 베풀어 주시는 장모님, 큰 길을 보고 먼 길을 지혜롭게 가는 법을 가르쳐 주시는 장인어른 고맙습니다. 오빠가 책을 쓸 수 있도록 주말마다 하준이를 돌봐준 사랑하는 동생 박설화 고맙다.

이 책을 사장될 위기에서 건져내어 세상의 빛을 보게 해주셨고, 늘 저에게 "이런 세상도 있구나. 이렇게 훌륭한 분도 있구나"를 일깨워주시며 삶의 지평을 넓혀 주시는 허은영 한국자산공사 상임이사님 진심으로 감사와 존경의 마음을 드립니다.

앞으로 "어떻게 살아야 할지, 내가 무엇을 하고 싶은지" 그 길을 찾게 해주신 롤 모델 미래와 금융의 강창희 대표님 감사합니다. 부족하지만 대표님이 가신 그 길을 따르며 언젠가는 대표님을 뛰어넘을

iii

수 있는 강연자가 되겠습니다.

이 책을 위해 어려운 결단과 헌신적인 지원을 아끼지 않고 지원해주신 박영북스 안종만 대표님, 조성호 부장님, 정병조씨, 김효선 편집자님, 홍실비아 디자이너님 감사합니다. 또한 탁월한 안목과 경험을 바탕으로 책의 제목, 표지 디자인까지 디테일을 다듬어주신 임지영 작가님 고맙습니다.

20대에서 40대에 이르는 2040세대를 위한 은퇴솔루션을 제공하기 위해 함께 공부하며 많은 가르침을 주시는 아름다운 은퇴 포럼 식구들 감사합니다. 특히 늘 저를 응원해주며 위기의 순간마다 격려를 아끼지 않은 나의 좋은 친구이자 치어리더 이태경 차장님 감사합니다.

제가 몸담고 있는 기업은행 퇴직연금부, IBK퇴직설계연구팀 식구들, 현장에서 늘 응원과 칭찬을 해주신 대표님과 그리고 IBK식구들께도 감사드립니다. 무엇보다 제 강의를 듣고 퇴직연금을 도입해주신 2,000여 기업의 대표이사님, 그리고 부족한 강의를 경청해주신 근로자분들께도 감사드립니다. 또한 이 책을 쓸 용기와 아이디어를 주시고 세무감수까지 기꺼이 도와주신 양경섭 세무사님 감사합니다.

기업은행의 최고 어른이자 멘토이신 IBK기업은행 권선주 행장님, 박춘홍 전무이사님, 안홍렬 부행장님, 박진욱 전 부행장님 감사합니다. 인생의 선배이자 어려운 길마다 사표를 제시해주신 IBK기업은행 임상현 부행장님 존경합니다.

너무나 많은 분들의 가르침과 따뜻한 격려 그리고 칭찬과 응원이 있었기에 오늘 이렇게 감사의 말씀을 올릴 수 있는 것 같습니다. 이 지면을 빌려 깊은 감사와 존경을 보냅니다.

　　마지막으로 죽을 수밖에 없는 저를 살려주시고 새로운 삶을 살 기회를 주신 하나님 사랑합니다. 이제 하나님께서 원하시는 삶을 살 겠습니다.
　　"너희는 먼저 그의 나라와 그의 의를 구하라"

2014년 5월 31일 세상의 가장 멋진 날

조 영 만

01 퇴직연금

퇴직연금제도란?

　현재 퇴직급여제도에는 기존의 퇴직금제도와 2005년 새롭게 도
입된 퇴직연금제도가 있다. 만약 퇴직연금을 가입하지 않았다면 자
동으로 퇴직금제도를 설정한 것으로 본다근로자퇴직급여보장법 제11조. 퇴
직연금제도에는 기존의 퇴직금제도와 비슷한 확정급여형제도DB와
중간정산제와 비슷한 확정기여형제도DC가 있다. 또한 10인 미만의
근로자가 전원 가입한 경우 퇴직연금제도를 설정한 것으로 간주하는
기업형퇴직연금제도IRP가 있으며, 이직 또는 중간정산 시 퇴직금의

▼ 퇴직급여제도

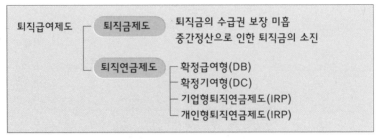

※ 퇴직신탁, 퇴직보험: 2010년 12월 31일 폐지

통산장치로 활용되는 개인형퇴직연금제도IRP가 있다. 최근 개인형퇴직연금제도IRP는 세액이연을 통한 퇴직금의 통산기능 외에도 자영업자 및 개인사업자의 가입허용-2017년부터 7월부터으로 그 범위가 확대되었으며, 기존 DB형 및 DC형 가입자의 추가납입을 통한 세액공제기능이 추가되어 명실상부한 퇴직연금제도의 하나로 자리매김하고 있다. 이 외에는 1999년부터 도입된 퇴직보험과 퇴직신탁이 있으나 퇴직연금제도의 가입촉진을 위해 2010년 12월 31일 제도가 폐지되었으며, 기존 적립금은 퇴직연금으로 전환하거나 퇴직자 발생 시에만 지급 가능하며, 신규가입이나 추가납입은 불가능하게 되었다.

■ 용어정리

"퇴직급여제도"란?

확정급여형 퇴직연금제도, 확정기여형 퇴직연금제도, 개인형퇴직연금제도를 포함
하는 퇴직연금제도와 및 퇴직금제도를 말한다. 사용자는 퇴직하는 근로자에게 급
여를 지급하기 위하여 퇴직급여제도 중 하나 이상의 제도를 설정해야 하며, 퇴직
급여제도를 설정하는 경우 하나의 사업장 안에 차등을 두어서는 안 된다. 사용자
가 퇴직하는 근로자에게 급여를 지급하기 위하여 퇴직급여제도 중 하나 이상의
제도를 설정해야 함에도 불구하고 퇴직급여제도를 설정하지 않은 경우에는 퇴직
금제도를 설정한 것으로 본다.

"퇴직연금제도"란?

사용자가 근로자의 재직기간 중 퇴직금 지급재원을 외부의 금융기관에 적립하고,
이를 사용자 또는 근로자의 지시에 따라 운용하여 근로자 퇴직 시 연금 또는 일시
금으로 지급하는 제도로서 퇴직연금제도의 종류에는 확정급여형 퇴직연금제도와
확정기여형 퇴직연금제도, 개인형퇴직연금제도(IRP)가 있다.

"확정급여형 퇴직연금제도"란?

근로자가 받을 급여의 수준이 사전에 결정되어 있는 퇴직연금제도를 말한다.

"확정기여형 퇴직연금제도"란?

급여의 지급을 위하여 사용자가 부담하여야 할 부담금의 수준이 사전에 결정되어
있는 퇴직연금제도를 말한다.

"기업형퇴직연금제도기업형IRP"란?

상시 10명 미만의 근로자를 사용하는 사업의 경우 제4조 제1항 및 제5조에도 불
구하고 사용자가 개별 근로자의 동의를 받거나 근로자의 요구에 따라 개인형퇴직
연금제도를 설정하는 경우에는 해당 근로자에 대하여 퇴직급여제도를 설정한 것
으로 보는 퇴직연금제도를 말한다.

"개인형퇴직연금제도(개인형IRP)"란?

가입자의 선택에 따라 가입자가 납입한 일시금이나 사용자 또는 가입자가 납입한 부담금을 적립·운용하기 위하여 설정한 퇴직연금제도로서 급여의 수준이나 부담금의 수준이 확정되지 아니한 퇴직연금제도를 말한다.

퇴직연금제도는 왜 도입된 것일까?

퇴직금제도와 퇴직연금제도는 어떤 차이가 있을까?

퇴직연금제도를 도입하게 된 가장 큰 이유는 퇴직금의 수급권보장 미흡과 중간정산으로 인한 퇴직금의 중간소진 때문이다.

기업도산 / 아직도 퇴직금 못 받아

1997년 말 외환위기가 발생하자 대기업과 중소기업이 줄줄이 도산하면서 근로자에게 퇴직금과 급여를 지급하지 못하는 초유의 사태가 발생했다. 1998년 기준 임금 체불액은 1조 2,185억 원에 이르러, 실직과 함께 퇴직금마저 날린 근로자들의 분노는 극에 달했고, 각종 소송이 끊이질 않았다. 헌법재판소의 "최종 3개월의 급여와 최근 3년분의 퇴직금만을 최우선 보장한다"는 판결 또한 퇴직금에 대한 근로자의 불안

감을 더욱 증폭시키는 요인이 되었다. 이처럼 퇴직금제도의 가장 큰 문제는 퇴직금의 사내유보로 인한 퇴직금의 불안전성에 있다. 퇴직금은 회사 입장에서는 근로자에게 지급해야 할 부채이다. 따라서 퇴직금을 따로 구분하여 준비해 두는 것이 바람직하다. 그러나 언제 발생할지 모르는 퇴직자를 위해 거액의 퇴직금을 따로 준비해 두는 회사는 현실적으로 많지 않다. 이러한 현실 때문에 퇴직금은 회계장부상에서만 존재하고, 실제로 퇴직금이 준비되어 있는 경우는 극히 드물다. 삼성생명 퇴직연금연구소의 조사에 따르면 5인 이상 기업의 사외적립률은 2008년 말 32% 수준에 머물고 있다. 기업들이 사외적립에 매우 소극적인 데다 근로자들도 그다지 큰 관심을 두고 있지 않기 때문이다. 우리나라 기업의 평균수명이 15년 정도에 불과한 현실에서 현재와 같이 퇴직금이 사외적립 없이 회계장부상에만 존재하는 퇴직금제도는 근로자 퇴직금 수급 불안이라는 큰 문제를 안고 있다. 만약 이렇게 장부상에만 퇴직금이 존재하던 중 기업의 경영성과가 나빠져 도산하게 되면 근로자는 퇴직금 전액을 받을 수 있을까? 앞서 말했듯 최근 3년분의 퇴직금과, 3개월간의 급여에 대해서만 최우선 변제권이 있을 뿐이다. 나머지는 근로자가 회사를 상대로 결과를 기약할 수 없는 민사소송을 해야만 한다. 긴 소송기간과 많은 소송비용으로 사실상 퇴직금을 포기하게 되는 것이 현실이다. 우리나라는 매년 퇴직금 체불액이 3,000~4,000억 원 수준이며 최근 5년간 체불된 퇴직금이 약 1조 5,000억 원에 이르고 있다. 급여체납 등 금전체불액까지 합하면 2009년 한 해에만 1조 2,000억 원에 이르며, 약 20~30만 명의 근로자가 퇴직금을 못 받고 있는 실정이다. 이러한 사내유보에

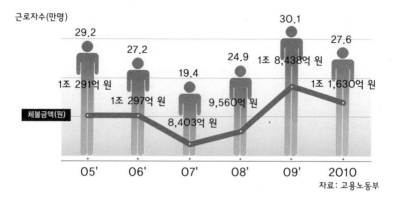

근로자수(만명)

29.2   27.2   30.1
            19.4   24.9   27.6

1조 291억 원   1조 8,438억 원
                                    1조 1,630억 원
체불금액(원)   1조 297억 원   9,560억 원
            8,403억 원

05'   06'   07'   08'   09'   2010

자료: 고용노동부

따른 퇴직금의 불안정성 문제를 해결하기 위해 퇴직연금제도는 퇴직
금의 사외예치를 의무화하고 있다. 즉 퇴직금을 장부상에만 설정하
지 않고 은행, 증권사, 보험사 등 금융기관에 실제로 납입하는 것이
다. 이렇게 퇴직금을 납입하면 회사의 비용으로 처리해서 법인세 및
사업소득세 차감효과를 준다. 금융기관에 사외예치를 하게 되면 근
로자는 퇴직금의 수급권이 보장된다. 왜냐하면 회사는 납입한 퇴직
금을 근로자의 퇴직금 담보대출을 위한 목적 이외에는 담보로 제공
할 수 없고, 임의적으로 찾아 쓸 수도 없기 때문이다. 오로지 퇴직금의
용도만으로 지급이 가능하다. 흔히 하는 말로 낙장불입落張不入이다.

퇴직금중간정산 / 노후생활 더 힘들어져

퇴직연금제도가 시행된 두 번째 이유는 중간정산으로 인한 퇴직금의 소진을 방지하기 위함이다. 1997년 외환위기를 겪으면서 퇴직금의 체불과 미지급사례가 급증하자, 정부는 퇴직금의 중간정산을 독려하고 이를 적극 시행하였다. 퇴직금에 큰 부담을 갖고 있던 많은 중소기업들은 중간정산제도를 선호하게 되었고, 근로자도 퇴직금을 보너스처럼 받아 생활비로 사용할 수 있는 중간정산[1]이 나쁘지 않았다. 이때부터 근로자들의 마음에는 퇴직금은 언제든 자유롭게 사용할 수 있다는 생각이 자리 잡게 되었고, 외국계 기업의 한국 진출과 연봉제 도입이 본격화되면서 "퇴직 후에 받는 노후를 위한 퇴직금"이란 공식은 깨져 버렸다. 그러나 얼마가지 않아 중간정산으로 인한 사회적 문제가 발생했다. 외환위기 이후 상시 구조조정이 보편화됨에 따라 언제든 퇴직을 당할 수 있게 되었고, 은퇴시점은 점점 앞당겨졌다. 문제는 은퇴라는 개념조차 낯설었던 그때 길거리로 내몰린 수백만 명의 퇴직자들에게는 중간정산으로 얼마간의 퇴직금조차 남아있지 않았다는 것이다.

짧아지는 정년, 장기생존, 부족한 은퇴자금 등 준비되지 않은 노후는 비참함을 넘어 큰 사회문제가 되었다. 노인자살률은 급증했고, 노인의 빈곤층화는 더욱 심화되었다. 우리나라 노인의 자살률은 세

---

1 근로자가 원할 경우 중도에 입사 이후의 퇴직금을 받고 그때부터 다시 퇴직금을 계산하는 제도로 근로기준법 제28조에 신설, 1997년 3월부터 법적으로 허용되었다. 근로자는 주택마련 등 목돈이 필요한 경우 퇴직금을 미리 받아 쓸 수 있고 기업은 일시금 부담에서 벗어날 수 있다는 장점이 있다. 다만, 퇴직금누진제를 채택한 기업의 경우 근속연수가 길어질수록 평균임금에 곱해지는 퇴직금 산정비율이 점점 높아지는데, 중간정산을 해버리면 근속연수도 0에서 재출발하기 때문에 액수가 줄어들게 된다. 중간정산은 여러 차례도 가능하며 철저히 노사합의를 원칙으로 한다. 1997년 8월 헌법재판소는 기업이 도산했을 때 근로자의 퇴직금을 우선 변제하도록 규정한 근로기준법 제37조 제2항에 대해 헌법불합치 결정을 내림에 따라 퇴직금 중간정산제가 보다 활성화되었다.

▼ IMF 전후 생활비교

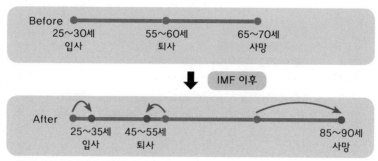

※ 입사는 늦어지고 퇴사는 빨라짐. 은퇴 후 사망까지 30~40년

계 최고 수준이며 그들이 자살을 선택하는 가장 큰 이유가 경제적 빈
곤 때문이라는 데는 큰 이의가 없을 것이다. 경제적 궁핍과, 중증질
병의 발병으로 노인들은 자녀들로부터도 버림을 받는 신세가 되었
다. 빈곤층의 대다수를 노인이 차지하고, 독거노인 또한 급증하고 있
는 상황이다. 노인빈곤층화의 심화는 수많은 사회문제를 야기하고
가정을 해체시키는 주요한 원인이 되고 있다.

▼ 노인자살률

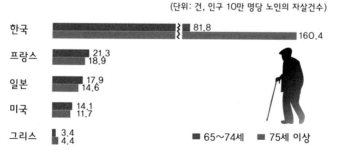

자료: OECD(경제협력개발기구) 2009년 통계

▼ 노인빈곤율

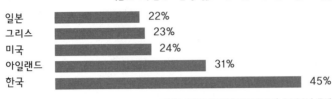

(단위: %, 전체 노인 중 중위소득 미만에 속하는 노인의 비율)

일본 22%
그리스 23%
미국 24%
아일랜드 31%
한국 45%

자료: OECD(경제협력개발기구) 2009년 통계

TIP 1. 퇴직 전 퇴직금 중간정산 금지(제한적 허용)

근로자퇴직급여보장법 개정안은 퇴직금의 중간정산을 원칙적으로 금지하고 있다. 다만 '무주택자인 근로자의 주택구입에 필요한 경우' 등 꼭 필요한 경우로 한정하도록 중간정산의 요건을 신설하여 퇴직금이 퇴직시점까지 보존되도록 하고 있다. 근로자퇴직급여보장법 개정안에서 가장 중요한 내용이다. 퇴직연금을 도입하지 않는 기업이 퇴직금제도를 유지하고 있을 경우 2012년 7월 26일부터는 퇴직금의 중간정산이 엄격히 금지된다. 따라서 향후 퇴직금의 중간정산은 불가능하며 특별한 사유가 아니면 퇴직금의 중도 사용은 안 된다. 퇴직연금제도로의 제도전환이 보다 활발해질 것으로 예상된다.

■ 퇴직금의 중간정산 사유(근퇴법 시행령 제3조)

1. 무주택자인 근로자가 본인 명의로 주택을 구입하는 경우
2. 무주택자인 근로자가 주거를 목적으로 민법 제303조에 따른 전세금 또는 주택임대차보호법 제3조의 2에 따른 보증금을 부담하는 경우. 이 경우 근로자가 하나의 사업 또는 사업자에 근로하는 동안 1회로 한정한다.
   ※ 퇴직연금제도의 중간정산 사유에 해당하지 않음
3. 근로자, 근로자의 배우자 또는 소득세법 제50조 제1항에 따른 근로자 또는 근로자의 배우자와 생계를 같이하는 부양가족이 질병 또는 부상으로 6개월 이상

요양을 하는 경우

4. 퇴직금 중간정산을 신청하는 날부터 역산하여 5년 이내에 근로자가 「채무자
   회생 및 파산에 관한 법률」에 따라 파산선고를 받은 경우
5. 퇴직금 중간정산을 신청하는 날부터 역산하여 5년 이내에 근로자가 「채무자
   회생 및 파산에 관한 법률」에 따른 개인회생절차개시 결정을 받은 경우
6. 「고용보험법 시행령」 제28조 제1항 제1호부터 제3호까지의 규정에 따른 임금
   피크제를 실시하여 임금이 줄어드는 경우
   ※ 퇴직연금제도의 중간정산 사유에 해당하지 않음
7. 그밖에 천재지변 등으로 피해를 입는 등 고용노동부장관이 정하여 고시하는
   사유와 요건에 해당하는 경우

고용노동부 행정해석

■ 근퇴법 제3조 제1항 "주택구입" 관련 해석

1. 주택의 의미: 주택은 거주용 목적이어야 하며 상가 및 수익형 오피스텔 등은 제외
2. 주택구매의 의미: 소유권을 이전받을 수 있어야 하므로 임대주택은 소유권이
   이전되지 않아 주택의 구매로 볼 수 없음. 다만 임대주택이라도 소유권을 이전
   받는 시점에서는 가능할 것임
3. 무주택자의 의미: 본인 명의의 주택을 소유하고 있지 않을 것(등기부등본, 재
   산세 과세증명서 등을 통해 무주택자임을 확인가능), 주택신축의 경우 멸실등
   기를 통해 무주택자임을 증명하면 무주택자로 인정가능, A주택 매도 후 B주택
   구입도 기 소유주택의 매도로 무주택자가 되었다면 가능할 것임. 또한 경매를
   통해 주택을 낙찰 받는 경우도 포함됨. 주택소유자가 재건축하는 경우는 해당
   사항 없음(임금복지과-2818. 2009.11.16.). 가입자 명의의 주택구입이여야 하
   며 배우자 명의 등으로의 주택구입은 불가함. 단, 부부 공동명의는 가능, 배우
   자 유주택자여도 가입자 본인이 무주택자인 경우 가능

TIP 2. 중도금 납입을 위한 중도인출 여부?

▶ 질의: DC형의 경우 아파트 분양권을 계약한 경우 최초 분양권 계약 시에만 중도인출이 가능한지, 중도금 납입 시마다 가능한지?

▶ 답변: DC형의 중도인출은 가입한 근로자가 무주택자이면서 주택을 구입하려는 경우에 가능하므로, 아파트 분양의 경우 소유권 이전등기 이전(무주택자임을 확인할 수 있는 시점)까지 중도인출 신청이 가능함. 다만, 대출을 받아 주택을 구입하여 등기를 완료하였다면 대출금 상환을 위해 중도인출은 불가함

■ 근퇴법 제3조 제3항 "요양 및 치료"관련 해석

1. 부양가족의 의미: '소득세법상'의 부양가족을 뜻하는 것임

2. 요양의 의미: 입원·통원, 약물치료 등 치료방법과 상관없이 병을 치료한 것을 모두 포함

3. 6월 이상의 요양을 하는 경우의 증빙: 서류가 법령에 정해진 바 없으므로 의사 소견서, 진단서로도 가능(퇴직연금복지과-729, 2009.3.27)

국민연금에 대한 기대 줄여야

조기퇴직과 장기생존에 따른 리스크를 국민연금노령연금[2] 등만으로 해결할 수는 없는 것이 엄연한 현실이다. 저출산·고령화 현상이 급격히 진행됨에 따라 다가올 2050년에는 본인 소득의 21.7%를 국민연금에 납부해야 할지도 모른다. 또한 두 차례의 연금개혁을 통해 국민연금 급여 수준이 70%에서 40%로 삭감된 점을 감안하면 국민연금에 대한 기대는 이제 크게 줄여야 할 것이다. 더욱이 2056년이 되면 국민연금기금이 모두 바닥날 것으로 예측됨에 따라 노후준비를 공적연금인 국민연금에 기대하기란 더욱 힘들게 되었다.

국민연금 3가지 문제점

첫째, 연금수령액의 감소이다. 국민연금은 1988년 도입 당시 70% 소득대체에서 2007년 50%로, 2008년부터 매년 0.5% 감소되어 2028

---

2 노령연금은 국민연금의 기초가 되는 급여로 국민연금가입자가 나이가 들어 소득활동에 종사하지 못할 경우 생활안정과 복지증진을 위하여 지급되는 급여로서 가입기간(연금보험료 납부기간)이 10년 이상이면 연금수령연령 해당일 이후부터 평생 동안 매월 지급받을 수 있다. 노령연금은 가입기간, 연령, 소득활동 유무에 따라 완전노령연금, 감액노령연금, 재직자노령연금, 조기노령연금이 있으며, 이혼한 배우자에게 지급될 수 있는 분할연금이 있다.

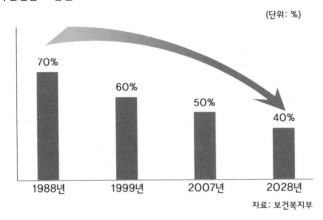

(단위: %)

70% 1988년
60% 1999년
50% 2007년
40% 2028년

자료: 보건복지부

년부터는 40%까지 줄어들게 된다. 그러나 40% 소득대체도 저소득층에게만 해당될 수 있을 뿐, 고소득층으로 갈수록 소득대체율[3]은 더욱 떨어지게 될 것이다. 국민연금관리공단을 통해 예측해 본 결과 저자가 30년을 국민연금에 가입한다고 가정한 경우 소득대체율은 21% 내외가 될 것으로 보인다. 그러나 현실적으로 55세가 사회적 정년임을 감안하면 소득대체율은 이보다도 더 줄어들어 19% 수준인 것으로 나타났다. 300만 원을 받던 급여생활자가 은퇴 후 급여의 70% 수준인 210만 원으로 생활한다고 가정할 때, 약 66만 원만이 국민연금에서 지급되는 것으로 생활비의 31% 정도만 준비되는 것이다. 크게 부족함을 느낄 수밖에 없다.

둘째, 연금납입액의 증가이다. 현재 국민연금은 소득의 9%를 기업과 개인이 4.5%씩 반반씩 납입하고 있다. 그러나 저출산·고령화

---

[3] 소득대체율이란 가입기간 중 평균소득을 현재가치로 환산한 금액대비 연금지급액을 말한다.

▼ OECD 주요국의 국민연금 기여율

국가	1994년	2007년 ˚	2009년
미국	12.4%	12.4%	12.4%
캐나다	5.2%	9.9%	9.9%
프랑스	21.5%	16.7%	16.7%
독일	19.2%	19.9%	19.9%
스웨덴	19.1%	18.9%	18.9%
네덜란드	17.9%	17.9%	17.9%
일본	16.5%	14.5%	15.4%
한국	6.0%	9.0%	9.0%
OECD 21개국 평균	19.2%	19.8%	19.6%

자료: OECD, Pensions at a glance 2011

현상이 급격히 진행됨에 따라 오는 2050년에는 소득의 21.7%를 국민 연금에 납부해야 할지도 모른다는 연구결과가 나왔다. 300만 원 월급 을 받는 근로자가 65만 원을 국민연금에 납부해야 하는 것이다. 현재 선진국에 비해 우리나라의 연금기여율이 낮은 점은 향후 기여율의 증가를 예측해 볼 수 있다.

지금과 같이 저출산·고령화가 지속된다면 국민연금의 기여율을 높이고 지급을 줄임과 동시에 국민연금의 운용수익을 극대화해야 한 다. 다만 준조세에 해당하는 국민연금의 기여율을 높이는 것과, 노후 생활의 마지노선인 지급을 줄이는 것은 국민의 저항이 만만치 않을 것이다. 그렇다면 국민연금의 수익을 높이는 방법을 생각해 볼 수 있 다. 그러나 국민연금의 특성상 공격적인 운용이 어렵고, 장기간 평균

▼ 국민연금 운용수익률

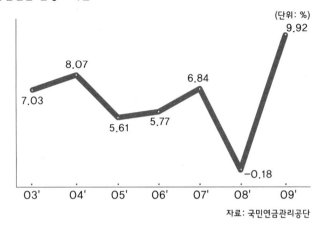

자료: 국민연금관리공단

수익을 높여야 하는 어려움이 있어 근본적인 문제해결 방안이 되기는 어려울 전망이다.

셋째, 국민연금기금의 조기 소진이다. 최근 연구결과에 의하면 2056년이 되면 국민연금기금이 모두 바닥날 것으로 예측되고 있다. 연금재정추계위원회의 자료에 의하면 인구고령화에 따른 연금지급액 급증으로 국민연금의 재정적자는 2044년 5조 원 대에서 2050년 98조 원으로, 2060년에는 214조 원에 이르러 2060년 이후에는 국민연금이 완전 고갈될 것으로 전망하고 있다. 국민연금만을 의지할 수 없는 가장 큰 이유가 바로 여기에 있다.

▼ 국민연금 기금잔액 추정치

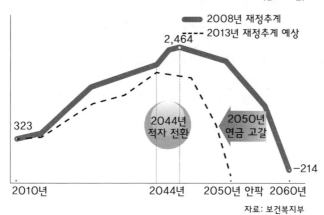

(단위: 조원)

━━ 2008년 재정추계
╌╌ 2013년 재정추계 예상

2,464

323

2044년
적자 전환

2050년
연금 고갈

-214

2010년   2044년   2050년 안팍 2060년

자료: 보건복지부

CASE 1. 퇴직금과 회사채권액의 상계 여부

직장인 A씨는 퇴직금으로 시골에 펜션을 지어 숙박업도 하고 텃밭도 가꾸려는 계획을 세웠다. 그러나 회사 측에서 퇴직금을 지급하지 못하겠다고 해 고민이다. 3년 전 A씨가 대학생 아들과 딸의 대학등록금을 내려고 회사로부터 학자금을 대출받았는데 회사에서는 사규를 근거로 대출금과 퇴직금을 상계한다고 통보해왔다. 이런 경우 직장인 A씨가 대출금을 다 갚지 않고, 퇴직금을 전부 지급받을 수 있을까?

A씨 경우와 직접적으로 관련되는 규정은 근로기준법 제43조에 나오는 '임금전액 지급원칙'이다. 즉 '근로자의 임금은 회사가 직접 근로자에게 전액을 지급해야 한다'는 것이다. 근로자가 대출금을 갚아야 하거나 근로자의 귀책 사유로 손해배상을 해야 하는 경우에도 회사는 근로자 임금을 직접, 전액 지급해야 한다. 상계는 할 수 없다. 이 규정에 따르면 회사 입장에서는 일단 전액을 지급한 후 대출금이나 손해배상금은 이후에 돌려받는 수밖에 없다. 물론 예외는 있다. 근로기준법은 법령 또는 단체협약에 특별한 규정이 있는 경우 그에 따라 회사가 직접 지급하지 않아도 된다고 했다. 또한 근로자가 동의하면 대출금과 퇴직금 상계가 가능하다. 근

로자가 상계를 희망함에도 불구하고 이를 막는 것은 오히려 근로자에게 불필요한 과정만 강요하는 꼴이기 때문이다.

대법원 판례는 이렇다. '근로기준법에서 임금전액지급원칙을 선언한 취지는 사용자가 일방적으로 임금을 공제하지 못하고 근로자가 임금 전액을 확실하게 지급받게 하려는 데 있다. 사용자가 일방적으로 근로자 임금과 채권을 상계하는 것은 금지되지만 사용자가 근로자 동의를 얻어 임금과 채권을 상계하는 것은 근로기준법 위반이 아니다. 단 임금전액지급원칙의 취지에 비춰볼 때 그 동의가 근로자의 자유로운 의사에 기한 것이라는 판단은 엄격하고 신중하게 이뤄져야 한다.' 여기서 근로자의 자유로운 의사에 기인한 것인가에 대해 논란이 있을 수 있다. 근로자가 퇴직할 때 퇴직금과 대여금을 상계한다는 합의를 한다면 이는 당연히 인정될 수 있지만 대여 당시 나중에 퇴직하면 퇴직금과 상계를 한다는 합의서나 각서를 쓴 경우 이를 자유로운 의사에 기한 것이라고 볼 수 있을 것인가? 회사 강요나 근로자의 착오 등의 특별한 사유가 없다면 일단 자유로운 의사에 기한 것이라고 보는 것이 보통이다. 그러나 대출을 얻기 위해 어쩔 수 없이 합의서나 각서를 쓴 경우도 있다. 이런 경우도 상계가 허용되는가?

고등법원 판례 중 '대출계약서에 퇴직금과 상계한다는 조항만 넣어두고 근로자에게 주지시키는 것만으로 이를 근로자의 자유로운 의사에 의한 동의로 보아 언제나 상계할 수 있다고 보기 어렵다'는 내용이 있다.

따라서 대출계약 시 임금이나 퇴직금과 상계에 동의했다고 하더라도, 퇴직금이 재산의 대부분을 차지하는 근로자의 경우 회사의 일방적인 상계는 허용하지 않는 것이 근로기준법 취지에 부합한다.

이제 이 사례를 A씨 경우에 적용해보자.

A씨는 대출 당시 합의서나 각서를 쓰지 않았지만 사규에 상계에 관한 내용이 있다. 여기서 사규는 근로기준법상 취업규칙의 일종이다. 사용자가 근로자에게 내용을 주지시키지 않아 근로자가 내용을 잘 모르는 경우 사규는 효력이 없다. 따라서 A씨는 회사의 일방적인 통보에 상관없이 일단 퇴직금을 받을 수 있다. 회사는 대출금을 근거로 퇴직금을 가압류하는 방법으로 퇴직금 지급을 미리 차단할 수 있지만 이 경우도 민사집행법상 압류가 금지되는 부분은 지급해야만 한다. 이유 없이 퇴직금을 지급하지 않으면 회사는 근로기준법상 벌금이나 징역에 해당하는 형벌에 처해질 수 있다.

매경이코노미 제1605호(11.5.11일자) 기사인용

퇴직연금제도로 노후준비를

　이에 정부는 퇴직금의 중간소진을 막고 노후재원 확보를 극대화할 수 있도록 법과 제도의 정비를 서둘렀다. 이렇게 도입한 제도가 퇴직연금제도이다. 퇴직연금제도는 중간정산을 제한함으로써 목돈을 모아 노후를 대비할 수 있도록 하는 선진국형 연금제도이다. 퇴직연금제도가 도입되면서 퇴직금제도의 가장 큰 문제점으로 지적됐던 퇴직금의 중간정산과 사내유보 문제가 상당 부분 해결되었다. 앞으로 퇴직금의 중간정산은 일정한 사유를 제외하고는 법적으로 불가능하다. 따라서 퇴직금의 중간소진도 상당히 줄어들 것으로 보이며, 노후자금으로 대체될 것이다. 더불어 퇴직금의 사외예치가 강화되면서 기업도산 같은 기업의 불확실성에 따른 퇴직금의 체불도 많이 해소될 것으로 예측된다. 도입 9년을 맞는 퇴직연금제도가 빠르게 자리를 잡아가면서 근로자의 노후보장은 더욱 강화될 것이다. 다만, 아직도 중소기업의 퇴직연금도입률은 극히 저조하며 전체 사업장의 18.8%만이 퇴직연금을 도입한 것으로 볼 때 아직도 가야할 길이 멀게만 느껴진다.

근로자퇴직급여보장법 개정안의 핵심이슈는 개인형퇴직연금제도(IRP)의 의무설정이다. 지금까지는 퇴직연금을 도입했다 하더라도 퇴직 후에는 언제든 퇴직금을 수령할 수 있었지만 2012년 7월 26일 이후에는 반드시 IRP에 퇴직금을 지급해야 한다. 퇴직금의 중간소진을 막고 노후까지 퇴직금을 확보하겠다는 전략적 변경이다. 그러나 IRP의 해지가 자유롭기 때문에 조삼모사격이란 지적이 있다. 향후에는 퇴직연금에 대한 국민적 공감대를 형성하여 IRP의 해지가 특정한 사유를 제외하고는 불가능하도록 함이 타당하다.

퇴직급여제도의 변천사

우리나라의 퇴직급여제도의 변천사는 국가의 경제성장과 함께 근로자의 인권이 강화되는 역사적 흐름과 함께 발전해 왔다. 1953년 근로기준법이 제정되면서 퇴직금제도가 처음으로 도입되었으나, 초창기 퇴직금제도는 임의적 제도로 퇴직금 지급은 기업의 자율이었다. 퇴직급여 변천사의 중요한 분기점은 1961년이다. 1961년 퇴직금의 지급이 강제화된 법정 퇴직금제도가 시행되면서 본격적인 퇴직금의 시대가 개막되었다. 이때부터 퇴직금의 지급 범위가 확대되어 1962년에는 상시근로자 30인 이상의 기업에서 1975년에는 16인으로 확대되었고, 1987년 10인 이상, 1989년 5인 이상 사업장으로 점차 그 범위를 확대해 나갔다. 그리고 마침내 2010년 12월 1일, 4인 이하 사업장에도 퇴직금 지급이 확대 시행되었다. 경제가 성장하면서 그 범위를 점차 확대해 나갔다고 볼 수 있다.

퇴직금 지급의 범위가 점차 확대되면서 근로자의 인권과 경제력은 크게 향상되었지만, 퇴직금의 체불과 중간정산으로 인해 퇴직금이 가지고 있는 노후자금이라는 본연의 목적은 달성하지 못했다. 특히 1997년 외환위기 이후 외국계 기업과 중소기업을 중심으로 시행된 중간정산의 제도화는 퇴직금의 중간소진을 촉진하였고, 사외예치 미흡으로 인한 퇴직금의 체불사례도 끊이지 않았다. 이러한 근로자

▼ 퇴직급여제도 변천사

2020	퇴직연금시장(적립금 약 200조 원)
2012	근퇴법 개정안 시행(2012.7.26) 중간정산 금지 등
2011	근퇴법 개정안 통과 퇴직연금시장급팽창(적립금 50조 원)
2010	퇴직보험/신탁 폐지 4인 이하 사업장으로 확대 적용
2005	퇴직연금제도 시행
1999	퇴직보험 시행
1997	중간정산제도 시행
1961	법적퇴직금제 시행(강제성)
1953	근로기준법 제정 퇴직금제도 도입(임의제도)

의 노후보장 미흡, 퇴직금 수급 불안정성 등을 해결하기 위해 2005년 퇴직연금제도가 도입되었다. 퇴직연금제도는 1997년 시행된 퇴직금의 중간정산을 금지하고 이를 노후재원으로 활용하도록 유도하고 있으며, 퇴직금의 사외예치를 의무화함으로써 퇴직금의 체불을 조기에 차단하는 선진국형 연금제도이다. 도입 초창기에는 제도의 생소함과 자유로운 중간정산 때문에 도입이 지지부진 하였으나 금융권을 중심으로 미래 핵심사업으로 퇴직연금이 각광을 받으면서 폭발적인 성장을 거듭한다. 2005년 도입된 퇴직연금은 2010년 29조 원, 2011년에는

▾ 퇴직연금시장 성장전망치

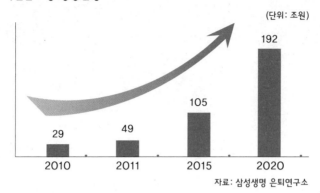

(단위: 조원)

192

105

49

29

2010   2011   2015   2020

자료: 삼성생명 은퇴연구소

약 50조 원으로 적립금이 매년 배 가까이 증가하는 폭발적 성장을 지속하고 있으며, 2015년 105조 원, 2020년 192조 원 규모로 향후 10년간 4배 이상의 성장이 예상되고 있다. 그럼에도 불구하고 자유로운 중간정산이 가능한 퇴직금제도로 인해 퇴직연금제도 도입을 반대하는 기업이 여전히 많이 존재했었다. 그러나 2011년 7월 25일 퇴직금제도의 중간정산 금지를 골자로 하는 근로자퇴직급여보장법 개정안이 공포되고 2012년 7월 26일 시행되면서, 향후 퇴직금제도는 사실상 폐지단계로 접어들 것으로 보인다. 이제 명실상부한 퇴직급여제도는 퇴직연금제도가 될 것이다.

[2. 퇴직연금제도의
종류種類와 차이差異]

확정급여형Defined Benefit 퇴직연금제도
-기존의 퇴직금제도를 떠올려라!

확정급여형 퇴직연금제도란 근로자가 퇴직 시 지급받을 퇴직금이 사전에 확정되어 있는 제도이다. 퇴직급여는 퇴직일 기준으로 직전근로기간 1년에 대하여 30일분의 평균임금에 상당하는 금액 이상을 지급하면 된다. 확정급여형 퇴직연금제도는 기존의 퇴직금제도와거의 비슷하다. 달라지는 것은 퇴직금의 사외예치가 강화되는 것이다. 즉 퇴직금을 실제로 은행 등 금융기관에 납부해야 하는 것이다.

근로자 입장에서는 퇴직금을 산출하는 방식이 기존 퇴직금제도와 동일하며 변화되는 것은 거의 없다고 느끼게 된다.

■ 퇴직금 산출방식: [퇴직 시 3개월 평균임금 × 근속연수 = 퇴직금]
■ 퇴직연금 납부: 위에서 산출된 금액의 60% 이상을 금융기관에 납부

2012.7.26 ~ 2013.12.31	60/100
2014.1.1 ~ 2015.12.31	70/100
2016.1.1 ~ 2017.12.31	80/100
2018.1.1 이후	고용노동부령에서 정하는 80/100 이상의 비율

※ 근로자퇴직급여보장법 시행령 제5조 제1항

근퇴법 개정안 시행 전에는 퇴직자가 발생할 때 퇴직금 산출방식에 의거하여 계산된 퇴직금 중 적립비율만큼은 은행 등 금융기관에서 지급하고, 차액은 기업에서 지급하였다. 예를 들어 퇴직자가 발생해서 퇴직금을 산출했더니 1,000만 원이 나왔는데 60%가 납입되어 있다면, 금융기관에서 600만 원을 지급하고 나머지 400만 원은 퇴직소득세를 원천징수 후 차액을 회사에서 지급하면 되었다. 이 때문에 근로자는 회사와 은행으로부터 퇴직금을 각각 수령하여야 하는 불편함이 있었고, 회사도 기존의 퇴직금 지급업무 외에 은행에 각종 서류를 추가적으로 제출해야 하는 불편함이 존재하였다. 다수의 사업자를 선정한 경우, 각 사업자별로 적립비율에 따라 지급이 이루어져 큰 혼란을 일으켰다. 실제로 ○○기업은 5개 사업자를 퇴직연금 사업자

로 선정하였는데 운영 1년만에 각 사업자별 퇴직금 명부가 상이하고, 퇴직금 지급 시마다 5개 사업자별로 퇴직통보서를 발송하는 등의 많은 어려움을 겪었다. 이러한 불편함을 없애고자 '개정 근로자퇴직급여보장법'은 '적립비율 지급방식'에서 '적립금 범위 내 전액지급방식'으로 변경하였으며, 앞으로는 금융기관에서 적립금 범위 내에서 퇴직금 전액을 선지급하고 기업이 금융기관에 퇴직금을 추가납입할 수 있게 되었다. 또한 복수의 사업자가 선정된 경우에도 대표지급 등을 통해 불필요한 업무가 많이 경감되었다. 다만 사외적립비율이 최소적립금 미만인 경우 등 일정한 사유가 발생하면 종전과 같이 적립비

■ 적립비율방식에 의한 지급 사유

1. 사업주가 「채무자 회생 및 파산에 관한 법률」에 따른 파산선고를 받은 경우
2. 사업주가 「채무자 회생 및 파산에 관한 법률」에 따른 회생절차 개시 결정을 받은 경우
3. 사업주가 「임금채권보장법 시행령」 제5조 제1항 제2호 또는 제3호에 해당하는 경우
4. 기준책임준비금 중 적립금의 비율이 제5조 제1항에 따른 비율보다 낮은 경우
   이 경우 퇴직연금제도의 설정 전에 해당 사업에서 제공한 근로기간을 가입기간에 포함시키는 경우에도 제5조 제1항에 따른 비율을 적용한다.
5. 다음 값이 고용노동부장관이 정하여 고시한 비율 이상인 경우

$$\frac{\text{사업연도 개시일 이후 해당 사업의 가입자에게 지급한 퇴직급여의 누계액}}{\text{사업연도 개시일의 적립금 + 사업연도 개시일 이후 납입된 부담금의 합계액}}$$

6. 그밖에 급여를 전액 지급하면 다른 근로자의 수급이 제한되는 경우로서 고용노동부령으로 정하는 경우

근로자퇴직급여보장법 시행령 제8조

율방식으로 지급된다. 이는 퇴직금의 수급권을 보호하기 위한 조치이다. 통상 적립금이 최소 적립금에 미달하는 기업은 도산위험이 그만큼 높기 때문에 적립금 범위 내에서 전액 지급할 경우 퇴직금의 선착순 지급가능성 등 다수의 근로자에게 피해가 발생할 수 있기 때문이다. 복수사업자의 경우 전 금융기관 사외예치 합계 적립금이 최소 적립비율을 넘기는 경우 적립금 범위 내 전액 지급이 가능하다. 이를 통해 퇴직연금과 관련된 회사의 업무는 급격히 줄어들고, 근로자도 한 번에 퇴직금을 지급받을 수 있게 되었다.

현재 퇴직연금 가입고객의 약 69%는 확정급여형 퇴직연금에 가입하고 있다. 이는 임금 상승폭이 크거나, 직급 및 직책에 의해 급여 상승효과가 큰 대기업과 공공기관이 확정급여형 퇴직연금제도를 선호하기 때문인 것으로 보인다. 기존 퇴직충당금의 일시납입이 어려운 기업도 퇴직급여충당금의 일정비율만 납입하면 되는 확정급여형 제도를 선호한다. 또한 확정급여형에서 확정기여형제도로의 제도전환은 용이한 반면, 반대의 경우는 불가능해 최초 도입은 확정급여형으로 이루어지는 경우가 많은 편이다.

담보대출 활성화

확정급여형DB제도는 퇴직금의 중도인출기능이 없고, 담보대출을 받을 수 있도록 되었으나 퇴직금에 대한 담보대출을 실시하는 금융기관은 많지 않다. 대출금에 대한 채권회수 등의 안정성이 보장되지 않기 때문이다. '개정 근로자퇴직급여보장법'은 퇴직연금 사업자에 대해 담보대출 활성화 의무를 부여하고 있다. 그러나 퇴직연금 대출에 따른 채권회수에 대한 법적 안전성이 우선적으로 보장되어야 퇴직연금 사업자들이 담보대출을 활성화할 것으로 보인다.

TIP 4. 퇴직연금이 담보된 경우 대출금 회수방법? (행정해석)

▶ **질의:** 퇴직연금을 도입한 A기업에서 「근로자퇴직급여보장법」 제7조에 따른 담보대출을 시행할 경우 근로자가 퇴직할 경우 퇴직연금사업자에게 담보대출금을 A기업과 근로자에게 각 송금할 수 있는지 여부?

▶ **답변:** 「근로자퇴직급여보장법」 제7조에 따라 퇴직연금의 급여를 받을 권리는 무주택자인 가입자가 주택을 구입하는 경우, 가입자 또는 그 부양가족이 6월 이상 요양을 하는 경우 적립금의 50% 한도 안에서 양도하거나 담보로 제공할 수 있는 바, A기업에서 근로자에게 퇴직연금의 급여를 담보로 설정한 경우 근로자 퇴직 시 퇴직연금 사업자로부터 50% 한도 안에서 급여를 수령할 수 있다고 판단되며 이 경우 다른 채권이 담보 설정되거나 압류되어 있을 경우에도 50% 한도 안에서 배분해야 할 것이다.

TIP 5. 사내근로복지기금 대출금의 회수방법? (행정해석)

▶ **질의:** 퇴직금을 담보로 사내근로복지기금으로 직원에게 대출을 하고 있는 사업장인데, DB형을 도입할 경우 대출금을 어떻게 해결해야 하는지 여부?

▶ **답변:** 「근로자퇴직급여보장법」 제7조에 따라 퇴직연금의 급여를 받을 권리는 무주택자인 가입자가 주택을 구입하는 경우, 가입자 또는 그 부양가족이 6월 이상 요양을 하는 경우에만 담보를 제공할 수 있다. 따라서 사내근로복지기금의 대출금이 동법에서 정한 사유에 해당되지 않을 경우 퇴직연금의 급여를 담보로 제공할 수 없다. 만약, 사내근로복지기금의 대출금을 지급받지 못할 경우는 민사적인 절차에 따라 처리해야 한다.

확정급여형DB 퇴직연금제도의 급여 지급능력 확보

　퇴직연금 사업자는 매 사업연도 종료 후 6개월 이내에 적립금이 최소 적립금을 상회하고 있는지 여부를 확인하여 사용자에게 통지하되, 최소 적립금에 미달하는 경우에는 그 사실을 근로자 대표에게 통지하도록 하고, 사용자는 적립금이 적정 수준에 미달하는 경우에는 적립금 부족을 해소하도록 하고 있다. 근로자퇴직급여보장법에서 DB형은 추계액의 60% 이상 납입을, DC형은 추계액의 100% 납입을 명문화 하였으나 미납 시에 대한 제재사항이 불비했다. 사실 퇴직연금제도를 도입은 했으나 일명 깡통계좌라 불리는 퇴직부담금 미납사례는 상당수에 달했다. 문제는 지금까지는 이에 대한 금융권과 당국이 제제를 가할 수 없었다는 것이다. 그러나 근퇴법 개정안에서 적립금 미달 시 근로자 대표에게 통보함은 물론, 부족 금액에 대한 자금조달방안, 납입계획 등의 내용을 포함한 재정안정화계획서를 작성해야 하는 등 납입을 강화하고 있다.

TIP 6. DB에서 초과잉여금의 공유가 가능한지? (행정해석)

▶ 질의: 회사가 DB제도를 도입하되, 사외적립된 자산의 운용결과 기대수익률보다 초과잉여금이 발생 시 회사 재량에 의하여 임직원과의 이익공유가 가능한지? (예를 들어, 퇴직급여 수준은 계속근로기간 1년에 대하여 30일분의 이상의 평균임금으로 하되, 초과수익이 발생한 해에는 해당 금액 수준을 포인트화하여 전 직원에게 평등하게 부여하되, 누적한 포인트는 퇴직 시 퇴직급여에 추가하여 지급)

▶ 답변: DB에서 적립금 운용으로 발생한 수익금을 가입근로자들에게 점수화하여 부여한 후 실제 퇴직급여 지급 시 반영하도록 하는 것은 법령 및 DB의 본래 취지에 부합하지 않는 것이다.

확정기여형Defined Contribution 퇴직연금제도
- 기존의 중간정산제도를 떠올려라 !

　　확정기여형 퇴직연금제도란 사용자가 내는 부담금이 결정되어 있고, 적립금의 운용실적에 따라 근로자가 받을 퇴직급여가 결정되는 제도이다. 퇴직급여의 지급을 위해 사용자는 근로자별 연간 임금총액의 1/12 이상을 적립해야 하며 매년 정산하여 근로자에게 적립해준다는 기준에서 보면 기존의 중간정산제도와 거의 유사하다. 즉 회사는 매년 1회 이상 연간임금총액의 1/12 이상의 퇴직금을 지급하는데, 근로자에게 지급하는 것이 아니라 금융기관으로 납입하고, 근로자는 본인의 퇴직금을 본인이 원하는 상품에 가입하여 운용하다가, 퇴직과 동시에 이자 또는 투자 순손익을 반영하여 최종 결정된 퇴직금을 수령하는 방식이다. 예를 들면, 퇴직금이 100만 원인 근로자가 정기예금 또는 펀드에 가입했다가 퇴직 시 100만 원±수익 또는 이자가 포함된 퇴직금을 최종적으로 수령하는 것이다. 이때 정기예금은 원리금이 보장되지만 펀드는 손실이 발생할 수 있으므로 가입 시 유의해야 한다. 최악의 경우 퇴직금의 원금마저 손실이 발생할 수도 있기 때문이다. 상품은 수시로 변경할 수 있으며변경 시 중도해지 수수료 등 금융기관에 따라 수수료가 발생할 수 있음 개인의 선택에 따라 포트폴리오를 구축할 수 있다. 예금 70%, A펀드에 20%, B펀드에 10% 등 개인의 특성에 맞게 포트폴리오를 구성할 수 있다.

확정기여형 퇴직연금제도는 기업주의 입장에서 매년 퇴직금을 중간정산하는 것과 동일하기 때문에 퇴직금의 누진에 따른 부담을 줄일 수 있고, 근로자는 퇴직금의 체불위험으로부터 자유로워지며, 적극적인 퇴직연금 운용을 통해 추가적인 수익의 확보가 가능한 장점이 있다.

- 퇴직금 산출방식: 연간 임금총액의 1/12 이상
- 퇴직연금 납부: 위에서 산출된 금액의 100%를 금융기관에 납부

TIP 7. DC형 제도에서 한 명의 근로자가 복수의 퇴직연금사업자를 선택할 수 있는지?(행정해석)

▶ 질의: DC 도입 시 복수의 운용관리기관 및 자산관리기관을 선정한 사업장에서 가입자 1인이 복수의 운용관리기관에 복수 가입하는 것이 가능한지?

▶ 회신: 현재 하나의 DC 제도에 있어서 사업자가 복수의 운동관리기관과 계약체결을 한 경우, 개별 근로자는 하나의 운용관리기관을 통해 상품제시, 운용지시 전달 및 기록관리 등의 운용관리업무를 수행하는 것이 바람직하며, 복수의 운용관리기관에 가입을 허용할 경우 사업자는 가입자의 전체 적립금 중 일부만을 관리하게 되므로 전체 적립금의 수익률 파악, 자산운용보고, 위험자산의 투자현황 등을 알 수 없으므로 적절한 위험관리 및 통지가 불가능하게 되므로 바람직하지 않다. 이 외에도, 운용 중인 자산을 다른 자산으로 변경하는 경우에도 상당히 제한적이며, 퇴직급여 지급 및 원천징수업무의 복잡한 과정으로 인한 불편 등 업무처리의 비효율성을 야기하므로 바람직하지 않다.

확정기여형(DC)
현물이전 허용

　　현행 퇴직연금제도는 퇴직금의 운용 중 퇴직을 하게 되는 경우가 발생하면 운용 중인 상품을 계약해지하여 현금화 후 14일 이내에 지급을 하도록 되어 있다. 퇴직자 발생 시 일반적인 퇴직연금 사업자는 중도해지에 따른 중도해지이율을 적용하지 않고 경과기간별 이자를 지급하는 방식으로 가입근로자의 손해를 최소화하여 왔다. 그러나 펀드를 가입한 경우 퇴직시점이 증시 하락기인 경우에는 손해를 보더라도 환매를 해야만 했다. 이러한 운용의 제한에 따른 손해를 방지하기 위해 '개정 근로자퇴직급여보장법'에서는 IRP로 현물이전이 가능하도록 하고 있다. 현물이전이란 상품을 해약 또는 환매하지 아니하고 IRP로 상품의 이전을 통해 계약을 그대로 유지하는 것을 뜻한다. 다만 동일한 사업자로 이전 시에는 큰 문제가 없지만, 다른 사업자로 이전 시에는 이전사업자에 동일 상품군이 존재하고 이전을 허용하는 경우에는 가능할 것이다.

TIP 8. 동일 자산관리기관의 경우 동일 그룹 내 분사 또는 전출입 시 적립금의 현물이전 여부?(행정해석)

▶ 질의: 동일 그룹 내 사업장 간 분사 또는 전출입 시 두 사업장이 동일한 퇴직연금 자산관리기관과 퇴직연금계약을 체결하고 있을 경우, 이전 사업장의 퇴직연금 신탁계약 내에 존재하는 근로자의 적립금을 통산함에 있어 중도환매 없이 전입 후 사업장의 퇴직연금 신탁계약으로 현물이전할 수 있는지 여부?

▶ 답변: 근로자의 소속 사업장이 변경될 경우 당사자 간에 특약이 없는 한 각 퇴직급여 산정의 기초가 되는 계속근로기간은 구분하여 계산하는 것이 원칙인바, 퇴직급여제도도 각각 구분되어 적용받는 것이 원칙이다. 다만, 위 질의와 같이 사업장 간에 특별 계약 등에 의하여 퇴직급여 지급과 관련된 자산 및 부채를 포괄승계하기로 합의한 예외적인 경우에 있어서 계열사 간 직원분사 또는 전출입 시 퇴직급여의 통산을 허용하고 있고 기술적으로 가능하다면 계약이전이 가능할 것이다. 이 경우 「자본시장과 금융투자업에 관한 법률」등 금융관련법에서 허용한다면 실물이전도 가능할 것으로 판단된다.

회사가 경영성과급을 DC형에서 임의납부할 수 있는지

회사의 경영성과에 따라 지급되는 인센티브경영성과급를 근로자에게 지급하는 대신 확정기여형 퇴직연금에 사업주 부담금의 형태로 납부할 수 있는지 여부가 문제될 수 있다. 왜냐하면 경영성과급을 상여로 지급할 경우 근로자는 근로소득으로 많은 세금을 납부해야 하고, 보너스라고 인식하여 저축보다는 소비로 연결되기 때문이다. 반면 경영성과급을 퇴직연금에 추가입금하게 되면 퇴직금의 증가로 연결되고 세금에서도 많은 혜택을 볼 수 있다. 이에 대해 고용노동부는 "별도로 경영성과금 등을 부담금으로 추가납부할 수 있다는 사항을 퇴직연금규약에 명시한 경우에는 인센티브의 근로자에게 추가적 지급이 가능하다"고 판단하고 있다. 그러나 "퇴직연금규약에 명시되지 않는 상태에서는 사용자가 임의로 납부하는 것은 허용되지 않는다"는 입장이다. 따라서 경영성과급을 퇴직금에 추가적으로 납부하고자 하는 기업은 퇴직연금규약에 이러한 내용을 명시하고, 이미 신고가 된 경우에는 규약 변경 신고를 통해 보완 후 추가납입이 가능하다.

CASE 2. 비용보다 세혜택 큰 중기 퇴직연금 활용법

재테크의 고수는 투자타이밍을 잘 잡는 것보다 법과 제도라는 큰 틀을 잘 활용한다. 그런면에서 퇴직연금은 법과 제도를 이용한 최고의 재테크 방법이다. 컨설팅을 오래하다 보니 퇴직연금 가입을 꺼리는 기업을 많이 보았다. "퇴직연금 가입 = 비용"로 생각하기 때문이다. 맞는 말이다. 퇴직연금은 부채이자 비용이다. 그러나 생각을 조금만 바꾸면 퇴직연금의 가입과 운용을 통해 부채의 축소, 비용의 산입이 가능할 뿐만 아니라 다양한 재테크도 가능하다. 우선 퇴직연금제도를 가입하면 확정기여형(DC)은 퇴직연금 부담금 전액을, 확정급여형(DB)은 퇴직급여 추계액 범위 내에서 손비인정을 받을 수 있다. 퇴직연금을 도입하지 않는 경우 2016년부터는 손비인정을 받지 못하니 퇴직연금을 도입한 것만으로도 법인세의 절감이 가능하다.

▶ DC형, 경영성과급으로 법인과 개인 모두 윈윈
연말이면 경영성과급을 지급하는 회사가 늘어나고 있다. 경영성과급을 기존처럼 근로소득으로 지급하면 세금을 빼고 실제로 받는 돈은 생각보다 많지 않다.
법인도 성과급 지급금액에 따라 4대 보험료가 증가하게 된다. 예를 들어 1인당 300만 원씩 100명에게 경영성과급을 지급하는 중소기업이라면 4대 보험료가 약 3,000만 원 증가하게 된다. 이때 경영성과급의 퇴직연금 납입제도를 활용하면 좋다. 경영성과급을 DC에 기업부담금으로 납입하는 것이다. 이렇게 되면 근로자는 소득이전율이 10~30% 이상 상승하게 되고, 법인은 4대 보험료를 절감하게 된다.

기업과 근로자 모두가 윈윈 할 수 있는 제도인 것이다.

▶ **DB형, 퇴직연금 자산운용으로 부담금 감소**
최근 대기업인 H사가 원리금보장형 상품위주의 운용에서 벗어나 실적배당형 상품을 편입하기 시작했다. 지급해야 할 퇴직금은 급여상승률만큼 늘어나는데, 수익률이 이를 따라오지 못하자 추가적인 부담이 발생했기 때문이다. 그러나 퇴직연금 자산을 잘 운용하면 반대로 부담금을 감소시킬 수 있다. 예를 들어 1억 원의 퇴직금을 잘 운용해서 1천만 원의 수익이 발생했다면 기업부담금은 그만큼 감소하는 것이다. 이처럼 퇴직연금제도는 법인세 절감도 받고 각종 비용도 줄일 수 있는 최선의 재테크 방법이다.

조영만 IBK퇴직설계연구소 선임연구원
2014.12.14 데일리안 기사 인용

회사채무의 부담금 공제

사내규정에 중간정산 또는 퇴직 시 회사채무회사대출금, 주식대여금, 국민연금전환금 등를 공제한 후 퇴직금을 지급하도록 규정되어 있는 경우 회사채무를 부담금에서 공제하고 납부할 수 있는지가 문제된다. 이에 대해 고용노동부는 "DC형 제도를 설정한 사용자는 최소한 가입자의 연간 임금총액의 12분의 1에 해당하는 금액은 현금으로 부담하도록 규정되어 있는바 사용자의 부담금에서 공제하는 것은 수급권 보장차원 등에서 법 취지에 맞지 않다"고 해석하고 있다. 따라서 회사채무를 부담금에서 공제하고 퇴직연금에 납입하는 것은 허용되지 않는다.

총부담금이 법상 기준을 상회하는 경우

DC형일 때 각 가입자의 임금 총액의 12분의 1과 본사 이사회에서 결정한 금액 중 큰 금액을 매년 납부할 경우, 총부담금의 수준이 법상 기준을 상회하고 있는 경우, 사업연도 중 퇴직하는 근로자에게 당해 연도 부담금을 부담하지 않아도 되는지가 문제된다. 이에 대해 고용노동부는 "법 제13조에 따라 DC형의 경우 근로자의 근속기간 1년이 경과할 때마다 최소 임금 총액의 12분의 1 이상을 부담금으로 납부해야 하므로 과거 부담금을 합산한 총액이 법상 기준을 상회한다고 할지라도 이를 이유로 퇴직 당해 연도에 발생한 부담금을 납부하지 않는 것은 적정하지 않다"고 해석하고 있다. 따라서 총부담금의 수준이 법상 기준을 초과하였다 하더라도 사업연도 중 퇴직하는 근로자가 있는 경우에는 당해 연도 부담금을 지급하여야 한다.

DC에서 DB 또는 퇴직금으로 전환 시 부담금 처리

DC에서 근로자 일부가 DB나 기존 퇴직금제도로 전환하고자 할 때 기존 DC 부담금은 어떻게 처리할까? DC의 적립금은 근로자의 퇴직, 중도인출, 폐지·중단 등 법령에 정한 경우 이외에는 근로자에게 지급될 수 없으며 제도의 성격상 DB 또는 퇴직금으로 전환도 불가하므로 달리 볼 사정이 없는 한 계속 DC에 적립되어 있어야 할 것이다.

퇴직연금 설계의 다양화

혼합형DB+DC
퇴직연금제도

근로자퇴직급여보장법 개정안이 시행되기 전까지 근로자 본인은 하나의 퇴직연금제도DB형 또는 DC형에만 가입할 수 있어 자유로운 퇴직설계가 곤란하였다. 그러나 앞으로는 두 제도의 혼합설정이 가능해지게 된다. 기업이 두 제도를 동시에 도입하여 전 근로자가 동일한 비율로 나누어 가입할 수 있도록 개정된 것이다. 다만 아쉬운 것은 근로자별로 비율을 조정할 수 없어 실효성은 다소 떨어질 것으로 보인다. 특히 DB형의 비율을 축소하는 경우에는 문제가 없지만 DB형을 확대하는 경우에는 문제가 될 수 있기 때문이다. 예를 들어 조과장이 입사 때부터 지금까지 5년간은 DB : DC 비율이 60 : 40이었는데 규정이 변경되어 향후 10년간은 70 : 30으로 바뀌었다가 퇴사한 경우, 혼합비율은 근로기간에 비례하여 결정하는 방법 등을 통해 조정해야 하는 과정이 필요하다. 즉 DB 비율을 (5년/15년×60%)+(10년/15년×70%)=66.6%으로 근로기간에 비례하여 산출하는 것이며, DC 비율은 33.4%가 된다. 또는 기산점을 각각 달리하여 5년간은 60 : 40으로 계산하고 나머지 10년은 70 : 30으로 계산하는 것이다. 다만 급여 수준에 따라 근로자에게 불리한 변경이 될 수 있으므로 주의하여야 한다.

표준형퇴직연금제도DC

퇴직연금 사업자가 둘 이상의 사용자를 대상으로 하나의 확정기여형 퇴직연금제도 설정을 제안하는 것을 표준형퇴직연금제도라고 한다. 표준형퇴직연금제도는 퇴직연금 사업자가 표준화된 규약을 고용노동부에 신고하고 이에 가입함으로써 퇴직연금을 도입하게 되는 것이다. 표준규약에 가입하는 기업은 수수료의 절감이 가능하고 규약신고의무가 없어 빠르게 퇴직연금을 도입할 수 있다. 표준형퇴직연금제도는 DC형에만 허용하고 있으며 규약의 신고는 퇴직연금 사업자가 담당한다. 표준계약서의 변경은 불가능하다. 따라서 개별 기업이 별도의 사항을 규정할 수는 없다. 다만 표준규약 이외의 사항은 부담률, 납입주기 등 근로자와 사용자가 합의하여 개별 기업의 특성도 살릴 수 있도록 함이 필요하다. 향후 영세소기업 및 조합을 중심으로 다양한 형태의 표준형퇴직연금제도의 도입이 이루어질 것으로 보인다.

확정급여형과 확정기여형의 차이?

　확정급여형제도와 확정기여형제도의 가장 큰 차이는 무엇일까? 퇴직금의 산출방식, 운용주체, 운용수익의 귀속주체, 추가납입과 소득공제 가능 여부, 중도인출과 담보대출 가능 여부 등 다양한 차이점이 발생하게 된다.

　가장 중요한 차이점은 퇴직금의 산출방식이다. 확정급여형은 '퇴직 전 3개월 평균급여×근속연수'이지만, 확정기여형은 '연간 임금총액의 1/12 이상'이다. 예를 들어 살펴보면 이해하기 쉽다. 평균임금이 다음과 같다고 가정하고 계산해보자.

근속연수	1년차	2년차	3년차	퇴직
평균임금	100만 원	105만 원	110만 원	

　확정급여형은 '퇴직 전 3개월 평균급여×근속연수'에 의해 110만 원×3년=330만 원을 지급하게 된다. 반면 확정기여형은 '연간 임금총액의 1/12 이상'에 의해 100만 원+105만 원+110만 원=315만 원을 지급하면 된다. 15만 원의 차액이 발생한다. 근로자 입장에서 보면 확정기여형은 15만 원의 퇴직금을 적게 받는 것처럼 보일 수 있으나, 315만 원을 금융기관에 예치하게 되므로 만약 이자가 5%라고 가정

하면 이자 또는 투자수익이 더해진 약 330만 원의 퇴직금이 되는 것이다. 이자 또는 투자수익이 1년 단위의 임금인상률 보다 높다면 근로자의 퇴직금은 더 많아질 수도 있다. 또한 확정급여형은 회사가 확정기여형보다 15만 원을 더 지급하는 것으로 보이지만, 확정급여형은 투자수익이 회사로 귀속되므로 330만 원 안에는 금융기관에서 지급한 수익이 포함되어 있다. 따라서 어느 제도가 일방적으로 유리하고 불리한 것은 아니다. 통상적으로 평균임금상승률이 3∼5% 수준이고, 투자수익도 3∼5% 수준이기 때문에 평균임금상승률과 투자수익의 높고 낮음에 따라 퇴직금 지급액과 수령액이 달라질 수 있다. 그러나 회사와 근로자 개인별로는 차이가 발생할 수 있으므로, 개별적으로 판단해 보는 것이 좋다.

두 번째 차이는 퇴직연금 운용주체와, 운용수익의 귀속주체가 다르다는 것이다. 확정급여형은 기존과 동일하게 회사가 퇴직금의 운용주체이고 따라서 퇴직금의 운용손익도 회사에 귀속된다. 그러나 확정기여형은 근로자가 퇴직금의 운용주체이고 따라서 퇴직금의 운용손익도 근로자에게 귀속된다. 즉 운용상품의 결정과 운영에 따른 손익에 대한 귀속주체가 달라지게 된다.

세 번째 차이는 퇴직연금의 추가납입과 세액공제 여부이다. 퇴직연금은 근로자의 퇴직금 증대를 가장 큰 목적으로 하기 때문에 퇴직소득세에 대한 과세이연 혜택을 부여하고 있다. 따라서 추가납입이 가능한지가 중요할 수 있다. 확정급여형은 회사가 운용주체가 되므로 근로자 개인의 추가납입이 불가능하다. 따라서 세액공제와 관련이 없다. 그러나 확정기여형은 근로자가 운용주체가 되기 때문에 근로자가 여윳돈을 본인의 퇴직연금 계정에 추가납입할 수 있도록 되어 있다. 이자 및 투자수익에 대한 비과세 혜택은 추가납입 전액에 대해 누릴 수 있다. 또한 소득적격 연금저축·보험 등과 합산하여 400만 원을 한도로 세액공제가 가능한 특징을 가지고 있다. 회사가 확정급여형제도를 도입하고 확정기여형제도는 도입하지 않는 경우도 있으며, 현실적으로 근로자의 선택보다는 회사의 선택에 의해 퇴직연금의 도입이 좌우되므로, 회사가 확정급여형을 선택하였을 경우 근로자의 추가납입이 불가능하거나 세액공제의 혜택 또한 받지 못하는 상황이 발생할 수도 있다. 이러한 한계를 해결하고자 '개정 근로자 퇴직급여보장법'에서는 퇴직연금제도의 선택 여부와 관계 없이 모든 근로자가 세액공제 혜택을 볼 수 있도록 개인형퇴직연금제도IRP를 규정하게 되었다. 개인형퇴직연금제도IRP는 퇴직연금에 가입한 근로자라면 누구나 개설 가능하며 추가납입이 가능하고, 확정기여형제도에 추가납입했을 때 받게 되는 세액공제 혜택을 개인형퇴직연금제도IRP에서도 동일하게 받을 수 있도록 규정하고 있다. 따라서 확정급여형에 가입되어 있는 근로자라 하더라도 개인형퇴직연금제도IRP에 가입하면 여윳돈의 추가납입이 가능하고, 세액공제 혜택도 받을 수 있다.

네 번째 차이는 퇴직금의 중도인출과 담보대출의 가능 여부이다. 퇴직연금제도는 퇴직금의 중간소진을 막기 위해 중간정산을 엄격하게 제한하고 있다. 확정기여형은 법률에서 명시한 사유발생 시 증빙서류를 금융기관에 제출하면 퇴직금 한도액을 범위로 100%까지 퇴직금의 중도인출이 가능하다. 반면, 확정급여형은 중도인출기능이 없으며 담보대출을 위한 담보제공만이 가능하다. 그러나 퇴직금을 담보로 대출을 시행하는 금융기관이 아직은 많지 않으며 금융기관에 따라 퇴직금의 담보대출이 불가능한 경우도 많다. 근로자 퇴직금의 추심이 현실적으로 어렵고, 금융기관의 채권 확보에 문제가 있을 수 있어 금융기관이 담보대출을 꺼리고 있기 때문이다. 이러한 문제점을 해결하고자 '개정 근로자퇴직급여보장법'에서는 확정급여형의 담보대출을 활성화하도록 유도하고 있으며 금융감독기관도 이를 독려하고 있다.

구분	확정급여형(DB)	확정기여형(DC)
퇴직금 산출방식	퇴직 전 3개월 평균임금×근속연수	연간 임금총액의 1/12
퇴직연금 운용주체	회사	근로자
운용손익 귀속주체	회사	근로자
추가납입	IRP통해 가능	가능
세액공제 혜택	IRP통해 가능	가능
중도인출	불가능	가능
담보대출	가능(금융기관별 상이)	불가능
경영성과금의 추가납입	불가능	가능

※ DB 가입자의 추가납입 및 소득공제는 개인형퇴직연금제도(IRP)를 개별적으로 개설함으로써 가능함

■ 퇴직금의 중간정산 사유(근로자퇴직급여보장법 시행령 제3조 제1항)

1. 무주택자의 주택구입
2. 전세자금(다만, 해당 사업에 근로한 기간 중 1회에 한한다)
3. 임금피크제를 시행하는 경우
4. 6개월 이상 요양을 필요로 하는 경우
5. 개인회생절차 개시
6. 파산 선고
7. 천재지변에 의한 피해가 발생한 경우

■ 퇴직연금의 중간정산 사유 (근로자퇴직급여보장법 시행령 제3조 제1항)

1. 무주택자의 주택구입
2. 6개월 이상의 요양을 필요로 하는 경우
3. 개인회생절차 개시
4. 파산 선고
5. 천재지변에 의한 피해가 발생한 경우

※ 전세자금과 임금피크제의 시행은 퇴직연금제도의 중간정산 사유가 아니다

어떤 제도를 도입하는 것이 유리할까요?

　어떤 제도가 근로자와 회사 측면에서 유리한지를 판단하기 위해서는 임금상승률과 투자수익률, 중도인출의 용이성, 퇴직금의 산출방식, 추가납입과 세액공제 가능 여부, 자금납입 여력 등 다양한 요소를 비교 분석해 보아야 한다. 그러나 기업과 근로자가 가장 중요한 선택요소로 여기는 것은 퇴직금의 산출방식과 기존 퇴직금제도의 형태이다.

　근로자 입장에서 보면 통상적으로 임금상승률이 투자수익률보

구분	선택기준	제도전환 여부	가입비율	주요 가입기업
DB	임금상승률 > 투자수익률	DB → DC	69%	대기업
DC	임금상승률 < 투자수익률		28%	중소기업

다 높으면 확정급여형이 유리하고, 투자수익률이 임금상승률보다 높다면 확정기여형이 유리하다. 예를 들어, 임금상승률이 평균 5%인데 투자수익률이 평균 4%라면 근로자는 확정급여형을 선택하는 것이 유리하나, 투자수익률이 임금상승률을 초과하는 경우에는 확정기여형이 유리하다. 회사의 경우는 이와는 반대이다. 세계적 추세는 임금상승률보다 투자수익률이 높은 경우가 많아 확정기여형이 70% 수준이나, 우리나라는 대기업의 비중이 높고 전통적인 호봉제에 따른 보수체계를 유지하는 기업이 많아 확정급여형이 약 70% 수준이다. 그러나 중소기업의 경우에는 확정기여형의 도입률이 높다. 중도인출의 용이성 및 퇴직금의 운용 등은 확정기여형이 확정급여형에 비해 용이한 편이다. 또한 퇴직금의 납입에도 차이가 있는데 확정급여형은 퇴직금 추계액의 60% 이상을 납입하도록 하고 있으므로, 40%는 회사 내부유보가 가능하다. 만약 이때 회사가 도산하게 되면 기납입된 퇴직금의 60%까지는 금융기관이 지급보증을 하지만, 나머지 40%는 회사를 상대로 소송을 해야 한다. 다만 개정 근퇴법에서 적립비율을

점차적으로 증가시키도록 하고 있어 퇴직금을 받지 못하는 사례는 점차 줄어들 것으로 보인다. 확정기여형은 100%를 납입하도록 하고 있으므로 회사도산 시에도 퇴직금을 받지 못할 가능성이 현저히 줄어들게 된다. 이러한 제도의 차이점을 정확히 인지하고 장단점을 분석하여 각사에 맞게 제도를 도입해야 한다.

임금피크제
퇴직연금 통해 해결 가능

최근 임금피크제가 활발하게 도입되면서 퇴직연금의 선택도 더욱 어려워지고 있다. 기존에 확정급여형 퇴직연금제도를 시행했던 회사에서 임금피크제가 시행되면 근로자는 급여와 함께 퇴직금까지 줄어들 수 있다. 이러한 경우 퇴직연금제도를 통해 해결할 수 있는데, 확정급여형 퇴직연금제도를 확정기여형 퇴직연금제도로 전환하면 된다. 즉 임금이 피크인 시점까지는 확정급여형 퇴직연금제도를 운용하다가, 임금이 동결되거나 인하되는 시점부터는 확정기여형 퇴직연금제도를 도입하여 운용하는 것이다. 정년은 늘어나고 퇴직금의 손실은 막는 최선의 방법이다. 향후 임금피크제가 더욱 활발하게 도입되면 확정급여형에서 확정기여형으로의 제도전환이 보다 활발하게 이루어질 것으로 보인다. 또한 개정 근로자퇴직급여보장법 시행령 개정에 따라 임금피크제 시행 시 중간정산이 가능하도록 하고 있어 확정기여형의 미도입 사업장은 중간정산을 통해 퇴직금의 손실을 제거할 수 있게 되었다.

▼ 해결방안

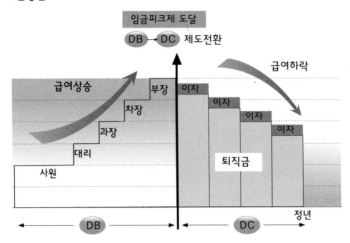

신설사업장

신설사업장 / 근로자 대표 동의 간소화

　현재 퇴직연금제도를 도입하기 위해서는 상시근로자 과반수 이상의 동의서를 징구하여 노동부에 퇴직연금규약과 함께 신고하도록 하고 있다. 이로 인해 과반수 동의서를 징구하지 못하여 퇴직연금제도 도입이 미뤄지거나 좌절되는 경우가 빈번히 발생하였다. 중간정산을 선호하는 일부 강성근로자가 있는 경우 근로자와의 마찰을 꺼리는 사업주는 퇴직연금제도 도입을 적극적으로 추진하기 어려웠다. 또한 한 사업장의 근로자가 전국 각지에 산재하여 근무하거나, 해외 출장이 잦은 경우에도 동의서를 징구하는 데 어려움을 겪었다. 이러한 문제를 해결하고자 '개정 근로자퇴직급여보장법'에서는 신설사업장에 한해 근로자의 의견청취만으로도 제도의 도입이 가능하도록 하고 있다. 그러나 의견청취를 어떤 방식으로 했는지에 대한 증빙과 신뢰성이 문제가 되기 때문에 실무적으로는 근로자 과반수의 동의서를 징구하도록 권장하고 있다.

신설사업장 / 퇴직연금제도 설정

　현행 퇴직급여제도에서는 퇴직금제도가 기본적인 제도이고, 기업이 퇴직연금제도로 제도를 전환하도록 되어 있다. 이렇다보니 5인 미만의 사업장이 퇴직연금제도의 도입을 미루거나 꺼리는 경우에 도입을 촉진할 방법이 부족했다. 그러나 개정 근로자퇴직급여보장법에서는 2012년 7월 이후 설립법인에 대해 사업설립일로부터 1년 이내에 퇴직연금제도를 우선적으로 설정하도록 하고 있다. 즉 신설법인은 퇴직연금제도를 설정해야 하며 퇴직연금제도의 도입률은 빠르게 증가할 것으로 보인다. 그러나 퇴직연금제도를 설정하지 않는 경우 퇴직금제도를 설정한 것으로 보는 단서조항으로 인해 강제조항이라고 말하기는 어렵다. 또한, 합병 또는 분할된 경우에는 제외하고 있다.

TIP 9. 계열사 간 전출입 시 연금의 통산 여부?

▶ 질의: 계열사 간 직원 전출입 시 퇴직급여의 통산을 허용하고 있고, 기술적으로 가능하다면 퇴직연금제도의 전환은 구체적으로 어떻게 되는지?

▶ 답변: 전입 후 사업장의 퇴직연금제도가 DB인 경우에는 이전 사업장의 퇴직연금제도가 DB인 경우에만 적립금 및 가입기간 합산이 가능하며, 이와 달리 이전 사업장의 퇴직연금제도가 DC형이라면 제도성격상 합산이 곤란할 것이다.

계열사 간 계약이전 가능	계열사 간 계약이전 불가능
DB ⇒ DB	DB ⇒ 퇴직금제도
DB ⇒ DC	DC ⇒ 퇴직금제도
DC ⇒ DC	DC ⇒ DB

개인형퇴직연금제도^{IRP}

기업형퇴직연금제도JRP

　기업형IRP는 10인 미만 사업장에서 전원이 퇴직연금에 가입하는 경우 퇴직연금제도를 도입한 것으로 간주하는 특례제도로 확정기여형 퇴직연금제도와 유사하다. 개인형퇴직연금제도^{IRP}처럼 개인별로 퇴직연금 통장이 발급되고 근로자 개인이 퇴직연금의 운용주체가 되며, 운용손익에 대해서도 근로자에게 귀속된다. 다만 확정기여형 퇴직연금제도와 몇 가지 차이점이 있다. 첫째, 퇴직연금 규약신고가 면제된다. 그러나 퇴직연금 가입자가 10인 이상이 되는 경우에는 확정급여형제도 또는 확정기여형제도로 전환해야 한다. 이때는 퇴직연금 규약신고 및 근로자 과반수 이상의 동의서도 징구해야 하는 불편함이 있다. 둘째, 기업형IRP는 근로자 전원이 가입해야 한다. 그러나 전원이 아닌, 임원과 소수의 근로자만이 가입하는 경우가 현실적으로 더 많다. 퇴직연금 가입자를 늘려야 하는 금융기관으로서는 절차가 비교적 간소하고, 규약신고의 면제근로자 과반수 동의서를 받을 필요가 없어 짐가 가능한 기업형IRP를 선호하기 때문이다. 셋째, 1년 미만 근무 근로자의 퇴직금 기업 반환 여부도 차이가 있다. 확정기여형의 경우 1년 미만 근무 근로자에게도 쉽게 가입해 줄 수 있으나 1년 미만 근무 후 퇴직 시 근로자의 퇴직금은 회사로 반환됨 기업형IRP제도는 1년 미만 근무 근로자에게 퇴직금을 입금해 주었을 경우 해당 근로자 퇴직 시 퇴직금을 회사로 반환할 수 없는 특징을 가지고 있다. 이러한 특징 때문에 기업형IRP는 여러 장점에도 불구하고 제도도입률은 낮은 편이다.

개인형퇴직연금제도IRP / 퇴직금 전용통장

우리나라 근로자의 평균재직기간은 5~6년에 불과하며, 평균 3~4번에서 많게는 5~6번의 이직을 한다. 이때 퇴직연금에 가입되어 있다 하여도 퇴직하게 되면 퇴직금을 지급하게 되는데 그때마다 퇴직금을 사용하게 된다면 퇴직연금제도의 의미가 퇴색된다. 이러한 퇴직금의 중간소진을 방지하기 위해 중간정산한 퇴직금이나, 퇴직 시 수령한 퇴직금을 노후까지 운용할 수 있도록 만든 것이 개인형퇴직연금제도IRP이다. IRP는 퇴직 때마다 받은 퇴직금을 모아 두었다가 노후에 사용할 수 있도록 만든 퇴직금 전용통장이다. 많은 사람들이 이직을 하게 되면 퇴직금이 연결되는 것으로 잘못 알고 있지만, 퇴직연금제도는 이직을 할 경우 퇴직금을 개인형퇴직연금제도IRP에 지급하게 된다. 그리고 새로운 회사에 입사하게 되면 그 회사에 맞는 퇴직연금제도에 추가가입 되도록 되어 있다. 결국 퇴직한 회사에서 퇴직금이 발생되어 개인형퇴직연금제도IRP로 개별 운용되고 새로운 직장에서는 신입사원처럼 새롭게 퇴직연금제도에 편입되어 관리되도록 되어 있는 것이다. 기존의 개인형퇴직연금제도IRP는 퇴직금 수령일로부터 60일 이내에 가입하게 되면 퇴직소득세를 과세이연시켜 준다. 퇴직할 때 내야 할 세금을 납부하지 않고, 훗날 퇴직금을 수령할 때 납부하도록 세금납부 시기를 늦추어 주는 것이다. 그러면 어차피 낼 세금인데 무슨 차이가 있느냐고 묻는 사람들이 많은데, 과세가 이연되는 경우 여러 장점이 있다. 1,000만 원의 퇴직금이 발생한 경우 퇴직소득세가 약 50만 원이라고 가정하면 퇴직소득세를 원천징수한 후 950만 원을 지급받게 된다. 950만 원을 일반정기예금에 저축한다면 이자가 발생하지만 이자소득에 대해 이자소득세 15.4%를 납부해야 한다. 그러나 개인형퇴직연금제도IRP에 가입하면 과세를 이연하여 1,000만 원 전액을 예금에 가입할 수 있고, 이자소득이 증가하여 퇴직금의 증대효과를 누릴 수 있다. 그러나 개인형퇴직연금제도IRP는 금융기관별로 작게는 0.2%에서 많게는 1%까지 수수료를 납부해야 하며, 이자소득은 비과세이지만 전체 퇴직소득에 대해서는 퇴직소득세 또는 연금소득세를 부과하기 때문에 경우에 따라 유리하고 불리한지는 사안별로 검토할 필요가 있다.

최근 개인형퇴직연금제도IRP는 자영업자 및 개인사업자에게까지 그 가입 범위를 확대하는 IRPIndividual Retirement Pension로의 발전을 거듭하고 있다. '개정 근로자퇴직급여보장법'은 개인형퇴직연금제도IRP에 자영업자 및 개인사업자까지 가입을 허용하도록 하고 있으며, 이에 따라 2017년 7월 26일부터는 퇴직연금에 가입이 가능할 것으로 보인다. 앞으로는 퇴직연금의 사각지대에 있던 개인사업자나 자영업자도 퇴직연금 가입이 가능하다. 이로 인해 개인사업자나 자영업자의 노후대책은 획기적으로 개선될 것으로 보인다. 그러나 국민연금 등

공적연금에 대한 불신이 큰 개인사업자나 자영업자가 퇴직연금에 대해서도 불신이 큰 점과 원천소득의 노출에 대한 두려움 때문에 어느 정도 가입이 이루어질지는 미지수이다.

TIP 10. 개인사업자 퇴직연금 가입 여부?(행정해석)

▶ **질의:** 법인이 아닌 개인사업체의 경우 대표자도 퇴직연금에 가입할 수 있는지 여부?

▶ **답변:** 근로기준법상 근로자를 대상으로 퇴직연금제도를 설정하면서, 사용자 본인(개인사업체 대표)을 가입대상에 포함하고자 할 경우 사용자를 당해 퇴직연금의 가입자로 한다는 내용을 규약에 명시하여 도입 가능하며 개인사업체 대표의 부담금은 퇴직소득세가 부과되는 것은 아니고, 사업소득세가 부과된다. 사업소득세 부과기준 등은 국세청에 문의가 필요하다.

TIP 11. 과세이연 부적격일 경우 개인퇴직계좌 가입가능 여부?

▶ **질의:** IRP에 가입하고자 하는 자가 과세이연(퇴직일로부터 60일 이내)을 충족하지 못할 경우 가입할 수 있는지 여부?

▶ **답변:** 퇴직일시금 등을 받은 자가 원하면 IRP에 가입할 수 있으며 과세이연 요건을 갖추면 과세이연 등 세제혜택을 받을 수 있다. 과세이연 요건을 충족하지 못할 경우 IRP에 가입할 수 있으나 세제혜택을 받을 수 없다.

▶ 질의: 사립학교 교직원 및 공무원이 퇴직금을 받았을 경우 IRP에 가입할 수 있
는지 여부?

▶ 답변: 사립학교 교직원연금법이나 공무원연금법의 적용을 받아 수령한 퇴직수
당도 근로자가 퇴직으로 받는 퇴직급여 성격으로 볼 수 있으므로 IRP에 가입할
수 있다.

퇴직연금제도의 운용

모집업무의 위탁

　최근까지 퇴직연금은 엄격한 요건을 갖춘 사업자와 임직원만이 판매할 수 있고, 특수 고용형태의 보험설계사 및 투자권유 전문인력의 퇴직연금 판매는 금지되어 이들을 통해 영업을 전개하고자 하는 보험사나 증권사는 영업망의 확장에 한계가 존재하였다. '개정 근로자퇴직급여보장법'에서는 일정한 요건을 갖춘 보험설계사, 투자권유 전문인력의 퇴직연금 모집을 허용하도록 하고 있다. 이에 따라 수천 명에서 많게는 3만 명 이상의 보험설계사를 보유한 보험회사의 영업망은 크게 증가할 것으로 보이며, 그에 따라 실적도 개선될 것으로 보인다. 모 연구소의 연구결과에 따르면 기존 영업망보다 많게는 12배까지 영업망이 확대되는 것으로 나타났다. 이에 따라 퇴직연금의 사각지대가 점차 해소될 수 있을 것으로 보인다. 보험설계사 및 투자권유 전문인력은 퇴직연금의 판매에 따른 수수료 수입 외에도, 추가적인 재무설계를 통해 새로운 영업망을 구축해 나갈 수 있어 퇴직연금 모집에 열을 올릴 것으로 보인다. 다만 일부 불완전 판매 가능성이 존재하고, 설계사가 받는 퇴직연금 수수료의 임의적 기업반환 등 불공정 영업행위 가능성이 존재하므로 이에 대한 철저한 교육과 감독이 필요할 것으로 보인다.

월급에 포함해 지급한 퇴직금의 효력

　　중소기업 컨설팅을 가보면 월급에 퇴직금을 포함하여 지급하고 있는 회사를 많이 보게 된다. 월급이 적은 중소기업일수록 퇴직금을 급여에 포함하여 지급하는 사례가 많다. 근로자도 워낙에 급여가 적으니 퇴직금이라도 받아야 그나마 생활이 가능하다. 문제는 이렇게 월급에 퇴직금을 지급하는 것이 위법이라는 것이다. 최근 "퇴직금을 임금과 함께 분할지급하는 약정은 무효이므로 퇴직금 명목의 돈은 부당이득에 해당한다"는 대법원의 판결이 나왔다. 이는 '퇴직금 분할약정은 근로기준법상 강해규정에 위배돼 무효'라는 점을 대법원이 다시 확인했다는 점에서 의미가 있다. 특히 대법원은 이번 판결(2007다90760)에서 근로자가 분할약정에 의해 받은 돈은 사용자에게 반환해야 할 부당이득에 해당할 뿐만 아니라, 사용자의 부당이득반환채권과 근로자의 퇴직금채권은 퇴직금채권의 2분의 1을 초과하는 부분에 한해 상계가 허용된다는 점을 명확히 했다. 따라서 지금까지 월급에 포함하여 퇴직금을 지급한 회사의 근로자가 소를 제기할 경우 지금까지 지급한 퇴직금은 부당이득으로 회사는 근로자에게 부당이득 반환청구를 할 수 있게 되며, 근로자는 다시 퇴직금을 요구할 수 있게 된다. 이때 근로자가 선지급받은 부당이득과 받아야 할 퇴직금을 상계할 수 있는데 그 한도는 퇴직금의 1/2을 초과하는 경우로 한정되게 된다. 예를 들어, 5년 동안 월급과 함께 지급한 퇴직금의 합이

1,000만 원인데 퇴직금의 재산정을 통해 계상한 퇴직금이 1,200만 원이라면 근로자는 1,000만 원을 부당이득으로 반환해야 하지만, 퇴직금 1,200만 원을 요구할 수 있게 된다. 이때 회사는 1,200만 원의 1/2인 600만 원을 부당이득채권과 상계할 수 있고, 600만 원은 지급해야 한다. 그리고 부당이득반환청구를 통해 나머지 400만 원을 돌려받아야 한다.

[
3. 퇴직연금제도 도입 시
장점長點 - 근로자 측면
]

세제혜택

　퇴직연금제도는 근로자의 노후보장과 이를 위한 노후자금의 증대를 위해 소득공제 혜택을 부여하고 있다. 확정기여형DC과 기업형 IRP, 개인형퇴직연금제도IRP에 가입한 근로자가 회사부담금 외에 개인이 추가적으로 입금한 경우 개인연금저축과 합산하여 연간 400만 원까지 세액공제 혜택을 준다.

　과세표준과 무관하게 400만 원을 한도로 12%까지 세액공제가 가능해진다. 이러한 세제혜택은 근로자들에게는 상당히 매력적이다.

▼ 2014년 소득세법

과세표준	〈개정 前〉			〈개정 後〉	
	세율 (지방소득세 포함)	소득공제금액		공제율	소득공제 금액
1,200만 원 이하	6.6%	264,000원			
1,200만 원 초과 ~ 4,600만 원 이하	16.5%	660,000원	→		
4,600만 원 초과 ~ 8,800만 원 이하	26.4%	1,056,000원		12%	480,000원
8,800만 원 초과 ~ 3억 원 이하	38.5%	1,540,000원			
3억 원 초과	41.8%	1,672,000원			

하지만 여전히 세액공제 금액이 부족한 실정이다. 현재는 퇴직연금과 개인연금을 합산하여 세액공제 혜택을 부여하고 있으며, 그 한도액도 아직은 매우 낮은 수준이기 때문이다. 퇴직연금제도의 활성화를 위해서는 무엇보다 파격적인 세제혜택이 필요하다. 세제혜택이 파격적으로 주어진 영국과 스위스 등 선진국은 공적연금과 퇴직연금만으로도 이상적인 노후생활이 가능하며, 소득대체율도 70%에 달한다. 그야말로 골드에이지gold age가 가능하다. 스위스 국민들은 노후자금으로 공적연금과 퇴직연금제도를 통해 월 약 770만 원 정도를 보장받게 되는데 이는 은퇴 전 소득의 약 70%에 해당하는 금액이다. 그런데도 스위스는 전 국민의 85% 이상이 개인연금에 가입하고 있다. 스위스가 왜 세계적인 복지국가이며 안정적 노후생활을 하는지 알 수 있는 대목이다. 호주 또한 슈퍼연금에 가입한 근로자들의 소득

66

대체율이 80%에 이르고 있어 안정적인 노후생활이 가능하다. 스위스나 호주가 이렇게 안정적인 노후보장체계를 정착시킬 수 있었던 가장 큰 이유는 바로 파격적인 세제혜택 때문이다. 현재 스위스의 연간 개인연금 소득공제 한도는 약 6,682스위스 프랑850만 원으로 매년 물가상승률을 감안해 100~200프랑씩 올려주고 있다. 호주도 충분한 세제혜택을 부여하고 있으며 재테크 수단으로 활용하는 경우도 많다. 반면 우리의 세제혜택은 아직도 턱없이 부족하다. 세제지원 수준은 OECD 34개국 중 23위에 해당된다. 현재는 개인연금과 퇴직연금을 합산해 400만 원까지만 세액공제가 가능하다. 만약 개인연금을 가입해 세액공제를 받고 있다면 퇴직연금에 추가적인 납입을 할 이유가 없어지게 된다. 한 시중은행의 경우 DC형 퇴직연금 가입자 10만 명의 추가납입 실태를 분석해 보면 추가납입자 비율이 1%에도 미치지 못하고 있다. 금융권 전체적으로도 이와 다르지 않은데 2010년 7월 기준으로 볼 때 전체 적립금의 1.9%만 추가납입을 하고 있다. 이는 세액공제 효과가 크지 않기 때문이다. 이를 해결하기 위해서는 세액공제의 분리 확대가 필요하다. 현재 세액공제 혜택은 퇴직연금과 연금저축을 합산하여 400만 원까지로 제한하고 있으나, 이를 통해 소득대체율을 높이는 데는 한계가 있다. 따라서 연금저축과 퇴직연금을 분리하여 각각 세액공제 혜택을 부여해야 한다. 아울러 세액공제 한도액을 현행 400만 원에서 최소 800만 원으로 증액하고 차후 지속적으로 증액해 나가야 한다. 지속적인 물가상승 및 평균수명의 연장으로 노후자금은 계속 증가하고 있는데 반해, 이를 대비한 연금은 제자리에 머물고 있기 때문이다.

파격적인 세제혜택은 국가세수의 감소로 이어질 수 있다는 점에서 정부의 반대가 만만치 않다. 그러나 세계에서 가장 빠른 속도로 노령화가 진행되고 있는 우리의 현실을 볼 때 민영연금시장을 확대시키는 노력을 게을리 할 경우, 향후 감당할 수 없는 상황이 발생할 수 있다. 정부가 지급을 보장하는 공적연금만으로는 노후생활 보장이 어렵기 때문이다. 최저 생계도 어려워 질 수 있다는 것이 전문가들의 공통된 견해이다. 특히 2044년을 정점으로 2050년경에는 국민연금이 소진될 수 있다는 사실은 모두를 두려움에 떨게 한다. 따라서 정부는 과감한 세제혜택을 부여함으로써 국민 대다수가 사적연금에 적극적으로 가입하여 자력으로 노후를 준비할 수 있도록 독려해야 한다. 또한 국민들도 국민연금에만 의존하지 말고 적극적으로 퇴직연금과 개인연금에 가입하여 운용에 관심을 가지고 높은 수익을 달성해 안정적인 노후를 준비해야 할 것이다.

퇴직금의 수급권 보장

대한민국은 아직도 퇴직금 체불액이 증가하는 나라이다. 2009년 4,696억 원의 퇴직금 체불액에 임금체불까지 합하면 1조 2,000억 원 규모에 이르며, 약 27만 명의 근로자가 퇴직금을 받지 못하고 있다. 이 뿐만이 아니다. 최저 생계비 수준의 급여를 받는 열악한 노동자도 생각보다 많다. 1,000여개의 중소기업을 방문하다 보면 너무나 열악한 상황에서 근무하는 근로자들을 자주 만나게 된다. 이렇게 어렵게 사시는 분들에게 퇴직연금은 정말 필요하지만 정작 그분들은 도입을 반대하고 있다. 퇴직금을 급여와 함께 받아 왔는데 퇴직연금에 가입되면 월급이 줄어들기 때문이다. 월급을 올려주지 않으려고 퇴직금을 월급과 함께 주는 기업이 아직까지 존재하고, 근로자의 퇴직금 지급을 아까워하는 기업주들도 여전히 많다. 퇴직연금제도는 이러한 임금체불을 막고 근로자의 퇴직금을 보장하기 위한 법적 장치이다. 퇴직연금제도는 퇴직금의 사외예치를 의무화하고 있다. 또한 퇴직금은 한 번 납입하면 '낙장불입'이다. 따라서 기업이 임의적으로 퇴직금을 담보로 제공하거나 대출을 받을 수 없으며, 개정된 근로자퇴직급여보장법에 의해 퇴직급여충당금 대비 150%를 초과하는 적립금을 보유한 경우를 제외하고는 퇴직금의 출금이 불가능하다. 그렇기 때문에 근로자의 퇴직금은 매우 안전해진다. 다만 미비점은 여전히 존재한다. 현재 확정급여형 퇴직연금DB은 퇴직급여충당금의 60% 이상 납입을, 확정기여형 퇴직연금DC는 퇴직급여충당금의 100% 납입을 법정요건으로 정해 놓았으나 기업이 부담금을 미납한 경우에 강제징수에 어려움이 있는 것이 사실이다. 최근 개정안은 확정급여형은 적립금이 법정요건을 충족시키지 못한 경우 재정검증을 통해 회사와 근로자에게 통지하도록 하고 있으며, 확정기여형 퇴직연금 미납부담금에 대하여는 지연이자를 부과하여 납입을 강화하고 있다.

■ 근로자퇴직급여보장법 시행령 제12조 (미납부담금에 대한 지연이자 이율)

1. 부담금을 납입하기로 정하여진 기일 다음 날부터 기산하여 가입자의 퇴직 등 급여를 지급할 사유가 발생할 날부터 14일까지의 기간: 연 100분의 10
2. 제1호 기간의 다음 날부터 지급하는 날까지의 기간: 연 100분의 20

연금 선택

　본격적인 베이비부머 세대의 은퇴가 시작되었다. 이들은 대한민국 경제의 근간이었으며, 대한민국 자산총액의 40%를 보유한 막강한 경제주체이다. 그런 그들이 은퇴를 앞두고 두려워하고 있다. 집 한 채와, 약간의 현금을 보유하고 있지만, 곧 시작될 25년이 넘는 노후를 보내기엔 턱없이 부족하기 때문이다. 반면 공무원, 군인, 경찰, 교사 등 연금을 정기적으로 수령하는 계층은 쾌재를 부르고 있다. 은퇴 후 연금이 정기적으로 꼬박꼬박 나오는데다, 연금지급액도 안정된 생활을 즐길 수 있는 수준이기 때문이다. 2011년 취업포탈사이트 잡코리아가 미혼남녀 617명을 대상으로 "결혼상대자로 선호하는 직업"이라는 질문으로 실시한 설문조사에서 남자는 상대의 직업으로 선생님을 여자는 상대의 직업으로 공무원을 1위로 뽑은 결과가 나왔다. 해당 관계자는 2002년 이후 고령화가 급속도로 진행되면서 연금이 지급되는 공무원, 교사가 1위로 선정된 것이라고 설명했다. 결혼 전 상대방의 부모님이 연금을 받는 분인지 아닌지를 중요한 결혼조건으로 본다는 사람들도 늘어가는 만큼 노후대책은 중요한 이슈가 된 것이다. 그야말로 '연금의 시대'가 도래한 것이다. 이를 반영하듯 최근 연금복권 열풍은 전국을 강타하고 있다. 거액의 일시금을 한꺼번에 받아 불안하게 사용하는 기존의 복권보다는 연금으로 20년 동안 지급되는 연금복권이 더 안전하고 안정적이라고 생각하는 것이다. 늦었지만 대한민국이 연금을 준비하기 시작했다.

　퇴직연금제도를 가입하게 되면 일시금 또는 연금으로 퇴직금을 수령할 수 있게 된다. 연금으로 수령하는 것은 어떠한 장점이 있을까? 첫째, 심리적 안정감을 준다. 연금으로 수령하는 경우 월급처럼 매월 또는 분기, 연단위로 수령하기 때문에 심리적으로 매우 안정감을 가질 수 있다. 수익의 변동에 따른 손실로 고민할 필요가 없고, 전·월세 수익처럼 경기에 따라 걱정해야 하는 부대비용이나 관리비용도 없다. 둘째, 연금은 짧게는 5년에서 최장 50년, 또는 종신까지 지급되므로 안정적인 노후설계가 가능하다. 따라서 향후 의료비에 대한 추가적인 설계만으로도 충분히 안정된 노후생활을 보장받을 수 있게 된다. 셋째, 일시금 수령을 통한 재투자 위험의 제거가 가능하다. 퇴직금을 일시금으로 수령하게 되면 사업을 하거나 또는 재투자를 하기 마련이다. 이때 발생하는 불안정성, 불확실성의 위험을 제거할 수 있게 된다. 넷째, 추가적 상품가입으로 인해 발생하는 사업비 등 부가비용을 줄일 수 있다. 만약 일시금으로 수령한 후 연금형태로 지급받기 위해 새로운 연금보험 등에 가입한다면 새로운 상품가입에 따른 사업비가 추가적으로 발생하게 된다. 그러나 퇴직연금은 이러한 새로운 사업비 없이 연금수령이 가능하다. 다만 퇴직연금은 수수료가 있으므로 유·불리는 개별적으로 확인해 보아야 한다.

　연금은 노후에 받는 월급이다. 만약 지금 당장 월급을 받지 못한다면 과연 몇 달이나 마음 편히 살 수 있겠는가? 짧게는 한 달에서 길게는 몇 년을 넘기지 못할 것이다. 그런데 그런 월급 없는 세월이 적어도 20년에서 길게는 40년이 될 수 있다. 55세에 퇴직해 평균연령인 80세까지만 살아도 25년은 월급 없는 노후를 보내야 한다. 25년은 생각보다 훨씬 더 긴 시간이다. 노후빈곤은 대책도 없다. 지금이야 이직을 할 수 있고 다른 일을 해서라도 돈을 벌 수 있지만, 노후에는 체력과 능력의 한계로 인해 경제적 활동이 어려워진다. 퇴직연금은 월급 전체를 대체해 주지는 못하지만 매우 중요하고 의미 있는 역할을 할 것이다. 특히 은퇴를 하게 되는 55세부터 국민연금을 수령하게 되는 65세까지 10년간의 공백을 효과적으로 차단할 수 있는 브리지 연금bridge pension으로서의 역할을 충분히 감당해 줄 것이다.

자산운용을 통한 퇴직금 증가

　퇴직연금제도는 퇴직연금 자산의 적극적 운용이 가능하다는 장점이 있다. 퇴직금의 운용주체는 퇴직연금제도에 따라 달라진다. 확정급여형은 기업이 운용의 주체가 되고, 확정기여형은 근로자 개개인이 운용의 주체가 된다. 퇴직금을 잘 운용해야 하는 이유는 운용실적에 따라 퇴직금의 수령액이 달라질 수 있고, 회사의 비용도 줄일 수 있기 때문이다. 확정급여형은 회사가 운용하는 것으로 운용수익이 증가할 경우 영업외 수익이 늘어 퇴직금으로 부담하는 금액이 그만큼 줄어들게 된다. 예를 들어, 퇴직급여충당금이 1억 원인 회사가 9,000만 원을 납입하여 정기예금과 펀드로 잘 운용한 결과 1,000만 원의 수익이 발생하면, 회사는 1,000만 원의 퇴직금 지급을 위한 비용을 줄일 수 있게 된다. 확정기여형은 근로자 개인이 운용하는 것으로 운용수익이 증가할 경우 본인의 퇴직금이 증가하게 된다. 같은 월급을 받아도 운용결과에 따라 퇴직금은 각자 달라질 수 있다. 이것이 바로 퇴직연금 운용이 더욱 중요시되는 이유이다. 퇴직연금의 운용가능한 상품은 크게 원리금보장형 상품[4]과 원금과 이자가 보장되지는 않지만 수익을 기대할 수 있는 실적배당형 상품[5]으로 구분할 수

----

4 은행의 정기예금, 보험사의 이율보증형 및 금리연동형 상품, 증권사가 지급 보장하는 ELS 등
5 실적배당형 보험, 운용사의 퇴직연금 전용펀드

있다. 정기예금은 만기에 따라 통상 3개월 만기 예금부터, 5년 만기 예금까지 다양하게 제공되며, 최근에는 투자일수를 지정하여 운용할 수 있는 정기예금 상품도 출시되고 있다. 이율보증형보험GIC도 만기에 따라 1년에서 5년까지 다양한 상품군을 보유하고 있다. 증권사의

▼ 퇴직연금제도의 위험자산 투자한도 제한

위험자산		투자한도(총적립금의)	
		DB	DC
개별투자	국내외 상장주식	30%	금지
	외국법인 발행주식		
	증권예탁증권		
	전환사채, 신주인수권부사채, 교환사채 등 후순위 채권		
	파생결합증권으로서 최대 손실 범위가 원금의 100분의 10을 초과하는 것	완화	
	주식형펀드	50%	40%
	혼합형펀드		
	실적배당형 보험계약		금지
	기타		
	외국의 투자적격 채권	30%	30%
집중투자	동일 회사 발행주식	10%	30%
	동일 법인 채권	30%	금지
	동일 계열 채권	40%	금지
	계열회사 발행채권	5%	10%
위험자산 총투자한도		70%	40%

대표적인 주가연계증권ELS는 1년 단위로 운영되는 경우가 많다.

퇴직연금 펀드는 일반펀드와는 달리 퇴직연금 전용펀드이며 주식을 투자할 수 있는 비율이 확정기여형은 최대 40%, 확정급여형의 경우 주식의 직접 투자는 적립금의 30%까지, 주식형펀드주식편입비율 60% 이상는 적립금의 50%까지로 투자가 제한되어 있다. 이는 퇴직금의 목적이 노후안정에 있으므로 안정성에 무게를 두고 위험한 투자를 제한하기 위함이다.

운용방법의 선택은 매우 중요한데 원리금보장형 상품과 실적배당형 상품을 어떻게 운용하는지에 따라 퇴직금의 수익이 바뀔 수 있다. 현재 금융권 전체적으로 볼 때 원리금보장형 상품가입률이 93.3%에 달하고 있으며, 실적배당형 상품 가입율은 6.7%에 그치고 있다.

퇴직연금은 정기예금이나 이율보증형 상품으로만 투자할 수도 있고, 펀드에만 투자할 수도 있다. 또한 이를 조합하여 50%는 정기예금에, 50%는 펀드에 투자할 수도 있다. 아울러 이를 언제든지 변경할 수 있으며, 그 횟수의 제한도 없다. 다만, 상품의 변경으로 인한 중도해지이율 적용 등의 불이익이 있을 수 있으므로 상품변경은 신중해야 한다. 상품변경은 지점을 방문하거나 인터넷 홈페이지나 앱App을 통해 가능하다.

퇴직금의 운용수익을 증대시키기 위해서는 퇴직금의 운용주체가 되는 자산운용사와 운용방법을 선택하는 일이 매우 중요하다. 자산운용사는 퇴직금을 운용하는 핵심주체로서 선택한 자산운용사에 따라 수익률도 큰 차이가 발생한다. 국내에서 판매 운용 중인 채권혼합

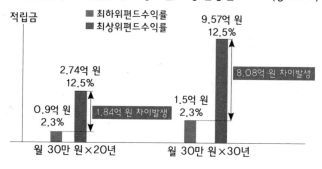

▾ 채권혼합형 퇴직연금 펀드 중 3년 이상 운용펀드 비교(총 93개)

적립금
- 최하위펀드수익률
- 최상위펀드수익률

9.57억 원
12.5%

2.74억 원
12.5%

0.9억 원
2.3%

1.84억 원 차이발생

1.5억 원
2.3%

8.08억 원 차이발생

월 30만 원×20년   월 30만 원×30년

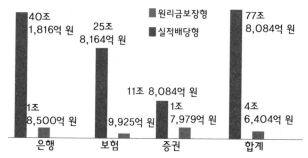

40조
1,816억 원

25조
8,164억 원

- 원리금보장형
- 실적배당형

77조
8,084억 원

11조 8,084억 원

1조
8,500억 원

9,925억 원

1조
7,979억 원

4조
6,404억 원

은행   보험   증권   합계

자료: 금융감독원, 2013년 12월 말 기준

형 퇴직연금 펀드 중 3년 이상 운용된 펀드는 총 93개이며 이 중 최
상위펀드와 최하위펀드의 수익률은 약 10.2%의 차이가 발생한다. 만
약 연평균수익률이 10% 이상 차이가 발생한다면 20년, 30년 후 수령
금액은 하늘과 땅차이가 될 수 있다. 연간퇴직금 납입액이 360만 원
인 DC 가입 근로자의매월 30만 원 월납 수익률이 12.5%와 2.3%일 때, 20
년 후 수령금액은 각각 2.74억 원과 0.9억 원으로 무려 1.84억 원의
차액이 발생하게 된다. 만약 30년이라면 9.57억 원 VS 1.5억 원으로
8.07억 원의 차이가 발생하게 된다. 좋은 자산운용사를 선택하여 효

과적인 방법으로 운용해야 높은 수익을 올려 많은 퇴직금을 수령할 수 있게 된다. 단기간의 수익이 뛰어난 곳보다는 3~5년 이상의 장기 운용성과가 뛰어나고, 자산운용 경험이 풍부하며, 명확한 투자철학을 가진 운용사가 좋은 자산운용사라고 할 수 있겠다.

4. 퇴직연금제도 도입 시
장점長點 - 법인 및 CEO 측면

법인세 절감 개인사업자는 사업소득세 절감

　　법인이 퇴직연금제도를 도입하려는 가장 큰 이유는 법인세 혜택 때문이다. 퇴직연금은 퇴직급여제도의 유일한 사외예치 수단이며 부담금의 납입금에 대해 법인세 혜택을 받게 된다. 기존에는 퇴직보험과 퇴직신탁에 가입한 경우에도 손비인정을 받았으나, 2010년 12월 31일 퇴직연금의 도입을 활성화하기 위해 퇴직보험과 신탁을 폐지하였다. 또한 사내에 적립되는 퇴직급여충당금의 손비인정 한도도 2014년 10%에서 5%씩 단계적으로 2014년 10%, 2015년 5% 축소하여 2016

년에는 전면 폐지하게 된다. 이에 따라 퇴직충당금을 사내에 적립한 기업은 세금혜택을 받는 손비인정 비율이 줄어드는 만큼의 법인세를 더 내야 한다. 따라서 향후에는 퇴직연금에 납입해야만 법인세를 절감할 수 있다. 퇴직연금에 납입한 부담금은 손금산입되어 법인세의 차감이 가능해진다. '법인세 절감'이라는 큰 혜택은 기업이 퇴직연금을 도입하는 가장 큰 원동력이 된다.

■ 확정급여형(DB) 부담금의 손금산입 한도: MIN(1,2)

1. 퇴직급여추계액 기준 = 해당 사업연도 종료일 현재 재직하는 임원 또는 사용인의 퇴직급여추계액 – 해당 사업연도 종료일까지 손금산입된 퇴직급여충당금 – 직전 사업연도 종료일까지 손금산입된 부담금
2. 퇴직연금운용자산 예치금 기준 = 해당 사업연도 종료일 현재 퇴직연금운용자산 – 직전 사업연도 종료일까지 손금산입된 부담금

■ 확정기여형(DC) 부담금의 손금산입 한도: 부담금 전액

확정기여형은 부담금으로 납입하는 금액에 대해 당해 사업연도의 소득금액 계산 시 전액 손금에 산입할 수 있다. 이때 법인이 납입하게 되는 부담금은 회계상 비용으로 계상하게 되며, 납입액 전액을 손금산입하게 된다. 별도의 세무조정은 필요 없게 된다.

▼ 2016년까지 퇴직급여충당금의 손비인정이 0%로 축소

부채비율 및 재무건전성 개선

　퇴직연금은 납입한 금액만큼 부채를 축소시켜 신용등급을 상승시키는 등 기업의 재무건전성에 긍정적인 효과를 제공한다. 또한 고객기여도도 상승하여 향후 각종 금융거래 시 혜택을 받을 수 있게 된다. 퇴직급여충당금을 10억 원으로 가정하고 5억 원을 퇴직연금으로 납입하면 기업의 부채는 5억 원이 감소하게 된다. 부채감소는 기업 신용등급에 긍정적인 효과를 미쳐 향후 대출금리 인하 등의 효과도 기대할 수 있다. 또한 기업이 대출을 받을 때 한도산정 차감항목인 임금채권금액 5억 원이 퇴직연금 납입으로 감소되어 담보 여력이 증가하게 되는 효과가 있다.

　　－ 재무건전성 향상
　　－ 고객기여도 상승
　　－ 임금채권 차감

법률분쟁 예방

　　매년 퇴직금의 체불액이 증가하면서 노・사 간의 분쟁이 끊임없이 일어나고 있다. 2009년 기준으로 연간 퇴직금과 임금 등의 체불액은 1조 2천억 원 규모이며, 근로자 수는 27만 명에 달한다. 퇴직금과 임금 등 급여채권이 체불되면 법인과 대표이사를 대상으로 민사소송과 형사소송 등 끝을 알 수 없는 법적 분쟁이 발생하게 되는데, 이러한 법적 분쟁의 불씨를 사전에 차단하고 경영자와 근로자 모두를 보호하기 위한 제도가 바로 퇴직연금제도다. 특히 중소기업은 퇴직금을 월급과 함께 분할해서 지급하는 경우가 많은데 이 경우 퇴직금의 지급으로 볼 수 없다는 것이 대법원의 확고한 판례이기 때문에, 근로자와 경영자 간의 법적 다툼은 끊임없이 이어져 왔다. 이를 예방하는 방법은 기업이 확정기여형DC 퇴직연금제도를 도입하고 경영자가 매월 근로자에게 지급하던 퇴직금을 금융기관에 납입하면 근로자의 퇴직금 중간소진도 막고 법적 분쟁으로부터도 보호받을 수 있게 된다.

임금채권보장기금의 사업주부담금 경감

 '임금채권보장기금'이란 사업주가 파산 등의 사유에 해당하는 경우 퇴직한 근로자가 지급받지 못한 임금 등에 대해 지급을 청구하는 경우에는 그 근로자의 미지급 임금 등을 사업주를 대신하여 지급하기 위해 마련한 기금이다. 노동부 장관이 사업주를 대신하여 지급하는 임금 등의 범위는 근로기준법에 의한 '최종 3개월분의 임금 또는 휴업수당 및 최종 3년간의 퇴직금 중 미지급액'으로 하되 근로자의 퇴직 당시의 연령 등을 고려하여 그 상한액을 제한할 수 있고 체당금이 적은 경우에는 지급하지 아니할 수 있도록 규정하고 있다. 이를 위해 노동부 장관은 임금채권보장기금을 마련하는데 사업주의 변제금, 부담금, 차입금, 기금의 운용수익금, 기타 수입금을 재원으로 조성한다. 현재 사업주의 부담금은 임금채권총액의 0.8/1,000이다. 퇴직연금에 가입하면 퇴직금의 수급권이 보장되고, 퇴직금 체불에 따른 임금채권보장기금의 활용이 불필요해지기 때문에 운용 중인 적립금에 대해 임금채권보장기금 부담금을 감면해주게 된다. DC형으로 부담금을 100% 납입하는 경우에는 0.4/1,000로 부담금이 감면 가능하다. 최근 정부는 파산 등의 경우에만 지급하던 임금채권보장기금을 경기침체 등으로 자금사정이 어려운 기업에도 우선적으로 지원해 줄 수 있는 개정안을 통과시켰다. 퇴직연금의 도입과 임금채권보장기금 등의 개정으로 근로자의 퇴직금 수급권 확보는 한층 강화될 것이다. 임금채권보장기금의 경감을 받기 원하는 사업장은 '임금채권보장기금 부담금 경감신청서'와 퇴직연금 사업자가 발행하는 '퇴직연금 가입확인서' 또는 '퇴직연금계약서'를 근로복지공단 지역본부에 제출하면 된다.

부담금 경감신청서						
① 사업장관리번호			② 사업장명			
③ 소재지		(전화번호 :　　　　) (휴대전화 :　　　　) (E-mail :　　　　)				
④ 대표자 성명			⑤ 대표자 주민등록번호			
⑥ 전년도말 현재 근로자수		명	⑦ 퇴직급여제도 설정대상 근로자수			

	구분	계	퇴직금 정산	퇴직보험 등	퇴직 연금	출국만기 보험 등
⑧ 최종 3년분의 퇴직 급여에 대한 퇴직연 금 등 가입현황	⑨ 계약체결일	－				
	⑩ 가입(정산) 근로자수	명	명	명	명	명
	⑪ 가입(정산) 금액	원	원	원	원	원
	⑫ 가입(정산) 전체 근로자의 평균근속연수					년

⑬ 최종 3년간 퇴직급여의 적립 현황	⑭ 퇴직급여 추계액(중간정산 금액 포함)	원
	⑮ 퇴직급여 적립금(정산액)총액	원
	⑯ 퇴직급여 적립비율(⑮ ÷ ⑭)	%

「임금채권보장법 시행령」제15조 제2항 및 동법 시행규칙 제9조 제1항에 따라 위
와 같이 부담금 경감을 신청합니다.

년　　　월　　　일

신청인　　　　　　(서명 또는 인)

근로복지공단 ○○지역본부(지사)장 귀하

접 수	접수일자		처 리	선람		결 재	담당	차장	부장	본부(지사)장
	접수번호			조회필						
	처리기간			입력필						

※ 구비서류: 퇴직보험 등에 가입하였음을 증명하는 서류

근로자의 만족도 및 장기근속자 증가

퇴직연금제도를 도입하면 퇴직금 체불에 대한 근로자의 불안감이 줄어들고, 퇴직금의 운용을 통해 퇴직금의 증대가 가능해져 궁극적으로 근로자의 만족도가 증대된다. 또한 일부 회사에서 도입하고 있는 장기근속자에 대한 누진퇴직금제도를 통해 우수인력의 장기근속을 유도할 수 있게 된다. 실제로 ○○중소기업은 다리건축의 특수 설계기술을 보유한 핵심인력에 대해 누진퇴직금을 5년 이후 1.3배, 7년 이후 1.8배, 10년 이후 2배수지급함으로써 장기근속을 유도하고 있다. 회사는 유능한 인력의 누수를 방지하고, 근로자는 누진퇴직금을 통한 노후보장과 낮은 세금으로 인한 절세 등의 혜택을 누릴 수 있는 윈-윈 WIN-WIN전략이다. 핵심인력이 필요한 중소기업 CEO라면 누진퇴직금제도를 적극적으로 검토해 볼 필요가 있다.

정부 및 관공서 입찰 유리

정부 및 관공서 입찰 시 가장 중요한 요소 중 하나가 '부채비율과 임금채권의 체불 여부'이다. 부채비율이 높거나 임금채권이 체불된 경우 정부 및 관공서 입찰에서 낙찰되기란 불가능하다. 그러하기에 정부 입찰을 주요 사업으로 하는 회사는 부채비율을 줄이고자 중간정산을 강제적으로 시행해왔다. 부채비율을 줄이고 임금채권 체불의 가능성을 사전에 차단하겠다는 포석이었다. 그러나 퇴직금의 중간소진으로 노후가 불안정해지고, 20~30년 근무 후 퇴직시점에는 빈손으로 나가는 처지가 되었다. 그러나 앞으로는 퇴직연금에 가입함으로써 부채비율과 임금채권 체불의 가능성을 사전에 차단함은 물론, 퇴직금의 중간소진도 막을 수 있게 되었다. 따라서 정부와 관공서 및 대기업은 각종 입찰 시 퇴직연금 가입 여부 및 납부 현황을 입찰조건에 포함하여 그 범위를 확대해 나가야 한다. 현재도 계량적 요소로 참고하는 기관이 있으며, 비계량적 요소이지만 주요 확인사항으로 참고하는 기관도 늘어날 것이다.

[5. 퇴직연금退職年金 실무]

퇴직연금 수수료 체계 및 장기계약 수수료 할인제도

　　퇴직연금 사업은 퇴직연금 시스템 구축, 제도운용 및 컨설팅 지원, 각종 서비스 제공 등에 막대한 사업경비가 발생한다. 이러한 퇴직연금제도의 운용과 관리를 위해 퇴직연금 수수료를 징구할 수 있도록 하고 있으며, 각 사업자의 수수료율과 징구방식은 금융감독원의 승인을 받도록 규정하고 있다.

수수료의 종류

수수료는 크게 운용관리수수료와 자산관리수수료로 구분되며 일부 보험사는 상품관리수수료를 징구하고 있다. 운용관리수수료는 적립금의 운용 현황에 관한 기록 및 관리, 적립금 운용방법에 관한 정보 제공 등의 서비스에 관한 수수료이며, 자산관리수수료는 계좌의 설정 및 관리, 부담금의 수령과 퇴직급여의 지급 등 자산관리에 대한 서비스의 대가로 지급하는 수수료이다. 이외에 최초 계약일로부터 1년 이내에 계약을 해지하는 경우 부과되는 중도해지수수료, 최초 계약일로부터 1년 이내 계약을 이전하는 경우 발생하는 계약이전수수료와 1년에 1회 이상 진행하는 퇴직연금 위탁교육에 대한 위탁교육수수료 등이 있다. 또한 실적배당형 상품의 경우에는 판매보수, 운용보수, 수탁보수, 일반사무 관리보수 등[6]의 수수료가 별도로 발생하게 된다.

수수료 부담주체

퇴직연금제도의 수수료 부담주체는 다음과 같다. 확정급여형DB 제도는 회사가 운용관리의 주체이자 수익의 귀속주체로 운용관리 및 자산관리수수료는 회사가 부담한다. 확정기여형DC제도에서 운용관

---

6 펀드의 보수체계는 일반펀드와 동일하며 선취 또는 후취한다. 총보수는 일반펀드에 비해 낮은 수준이며 일부 펀드는 환매수수료가 부과된다.

	운용관리수수료	자산관리수수료
확정급여형(DB)	회사(적립금차감)	회사(적립금차감)
확정기여형(DC)	회사(별도납입)	부담금: 회사(별도납입) 추가부담금: 근로자(적립금차감)
기업형IRP	회사(별도납입)	
개인형퇴직연금제도IRP	가입자(적립금차감)	

리수수료는 회사가 부담하고, 자산관리수수료는 회사와 근로자 간 협의하여 납입하도록 되어 있었으나, 근퇴법의 개정안에 따라 2013년 7월 26일 도래하는 수수료부터는 운용관리 및 자산관리수수료의 부담주체는 회사가 된다. 다만 추가적인 부담금의 납입 시에는 근로자가 부담하게 된다. 이외에 발생할 수 있는 중도해지수수료와 계약이전수수료, 교육수수료 등은 퇴직연금사업자별로 상이하다.

사업자 따라 수수료 3배 이상 차이나

퇴직연금 수수료체계를 업권별로 비교해 보면 큰 차이가 난다. 세계적인 컨설팅 기업인 타워스 왓슨은 '2010 한국 퇴직연금 보고서'를 통해 사업자별로 수수료가 작게는 1.4배에서 크게는 약 2.6배까지 차이가 난다고 밝혔다.

57개의 퇴직연금 사업자는 각기 다른 수수료체계를 가지고 있고, 가입금에 따라 수수료율도 큰 차이가 나므로 신중한 선택이 필요하다. 예를 들어 누적금액이 500억 원 이상인 대기업인 경우 가장 낮은

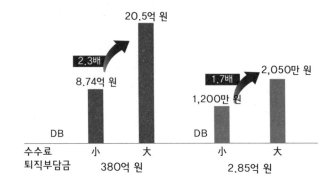

수수료를 제공하는 ○○은행 수수료는 0.2%에 불과하지만, 가장 높은 수수료율을 가지고 있는 ○○생명은 0.8%로 무려 0.6%의 차이가 있다. 500억 원의 수수료 차이만 3억 원이 넘게 발생한다. 중소기업의 경우에도 1.5억 원의 퇴직연금 부담금에 대해 최대 190만 원부터 최소 80만 원의 수수료가 발생하므로 그 차이만 2.37배에 달할 수 있다. 따라서 사업자 선정 시 수수료율은 매우 중요한 결정요소이다. 타워스 왓슨은 사업자 간 수수료를 비교할 때 세 가지 사항을 주의할 것을 당부한다. 먼저 1년 시점에서 측정한 수수료 순위가 10년 시점에서는 달라질 수 있으므로 장단기 시점의 수수료를 모두 따져 봐야 한다. 두 번째, 동일한 사업자가 부과하는 수수료라도 금융상품별로 차이가 날 수 있다는 것을 유의해야 한다. 끝으로 수수료를 산정할 때 사업자에 따라 총적립금을 기준으로 하는지, 아니면 당해 연도 부담하는 부담금 기준으로 산정하는지 살펴봐야 한다.

장기계약수수료 인하

퇴직연금제도가 도입 9년을 맞이하고 시장이 85조 원대로 급팽
창하면서 초창기에 도입한 기업은 퇴직연금 적립금이 누적될수록 그
에 따른 수수료도 커져 기업경영에 큰 부담이 되고 있다. 이에 대형
은행을 중심으로 장기계약수수료 할인제도를 시행하고 있다. 최근
시행된 장기계약 할인제도로 도입 2년 이상을 넘긴 기업은 10%에서
많게는 15% 수준의 퇴직연금수수료를 절약할 수 있게 되었다. 그러
나 여전히 대부분 사업자의 수수료가 누적될수록 큰 부담이 되는 만
큼 보다 획기적인 수수료 인하조치가 필요할 것으로 보인다.

개인형퇴직연금제도IRP 활성화를 위해서는 수수료 대폭 줄여야

개인형퇴직연금제도IRP시장은 2010년 말 2조 5천억 원 규모에
서 2020년 81조 원 규모로 32배 확대돼 퇴직연금시장의 성장을 주도
할 것으로 보인다. 근로자퇴직급여보장법 개정안 통과로 개인사업
자 및 자영업자도 퇴직연금에 가입할 수 있게 됨으로써 폭발적인 시
장이 형성될 것으로 예측된다. 이러한 개인퇴직연금시장을 선점하기
위해 퇴직연금 사업자 간 경쟁이 본격화되고 있다. 퇴직직원 및 중간
정산을 받은 근로자를 대상으로 개인형퇴직연금제도IRP 유치전을 벌
이지만 마땅한 장점이 없다는 것이 가장 큰 문제이다. 개인형퇴직연
금제도IRP는 고금리와 과세이연 혜택이 주어지지만, 수수료가 발생하

기 때문에 고객 입장에서는 큰 메리트가 없는 금융상품이다. 예를 들어, 퇴직소득 1억 원을 정기예금에 넣는 경우와 개인형퇴직연금제도 IRP에 가입하는 경우를 비교하면 개인형퇴직연금제도IRP에 가입하는 것이 다소 유리하지만 금리가 낮을 경우에는 큰 메리트가 없다. 또한 1년 미만 중도해지 시에는 중도해지에 따른 수수료가 추가적으로 부과되는 경우도 있어 단점으로 지적되고 있다. 향후 개인형퇴직연금제도IRP시장이 급팽창하게 되면 수수료도 자연스럽게 인하될 것으로 보이며 선제적으로 수수료를 인하하는 사례도 늘어날 것이다.

회계처리

국제회계기준IFRS 도입에 따른 퇴직급여충당금 산정

2011년은 퇴직연금 역사에 있어 매우 중요한 두 가지 변화가 있었던 해이다. 첫 번째는 '근로자퇴직급여보장법 개정안'이 통과되어 공포됨으로써 2012년 7월 26일부터 시행에 들어간다는 것과 모든 상장사에 국제회계기준이 의무적으로 도입됨에 따라 보험수리적 가정을 통한 새로운 퇴직급여 산출이 필요해졌다는 것이다. 국제회계기준 도입 시 기업에 가장 영향을 많이 미치는 항목 중 하나가 바로 '종업원 급여 중 퇴직급여'이다. 퇴직급여 회계처리에 있어 가장 큰 변화는 부채평가방식상의 변화이다. 청산가치 개념non-going concern을 채택하고 있는 기업회계기준에서는 결산일 현재 모든 임직원이 일시에 퇴직할 경우 지급해야 할 퇴직금 추계액을 퇴직부채로 계상한다. 즉 산정일 기준으로 전 직원이 퇴사할 경우 지급해야 할 퇴직급여의 총액을 계상하는 방식이다. 반면, 국제회계기준이 도입되면 계속기업going-concern을 가정하고 있기 때문에 과거기간 종업원의 근로용역에 대한 채무를 지급하기 위해 필요한 장래 예상지급액의 현재가치인 확정급여채무DBO, Defined Benefit Obligation를 퇴직부채로 계상하게 된다. 즉 회사가 계속 영위할 것으로 가정하고 미래에 지급해야 할 퇴직금을 계산하여 임금상승률, 퇴직률, 할인률 등 가정 대입 이를 현재의 화폐가치로 재평가하여 퇴직부채로 인식하는 것이다. 따라서 퇴직부채 계산액의 상당한 변화가 예상된다. 대부분은 퇴직부채가 증가되는 형태를 가져오게 될 것이며, 이는 부채액의 증가, 퇴직급여 부담금의 증가 등에 영향을 미칠 것이다. 여기서 미래의 채무와 화폐의 현재가치 등의 낯선 개념이 등장한다. 현재 100만 원의 퇴직금을 받는 사람의 평균임금상승률을 5%, 20년 후 퇴직을 가정하면 약 265만 원의 퇴직금을 받게 된다. 그런데 265만 원이 현재의 가치로는 얼마일까? 이때는 265만 원을 만들기 위해 적금이나 투자를 할 것이기 때문에 그 평균이자율로 할인하여 현재가치를 나타내 준다. 만약 연평균이자율이 4%라면 265만 원의 현재가치는 약 120만 원 정도가 된다. 이렇게 미래에 지급할 퇴직금을 계상하고 이를 다시 할인하여 우량 회사채 수익률

제도형태	구분	일반기업회계기준	국제회계기준
대차대조표	부채평가방법	• 비계속기준(청산기준) • 추계액: 결산일 현재 전 임직원이 퇴직할 경우의 퇴직금 상당액	• 계속기준 • 확정급여채무: 미래 예상되는 퇴직급여 지급액의 현재가치
	측정대상	• 1년 이상 근속자	• 1년 미만자 포함 전 직원
손익계산서	퇴직급여원가	• 단순	• 복잡(다양한 원가계정)
	연금자산수익	• 실제수익이(이자, 배당) 영업외 수익으로 별도 표시	• 기대수익이 퇴직급여원가와 상계 처리되어 영업이익에 반영(영업이익 개선효과) • 실제수익과 기대수익의 차이는 보험수리적 손익으로 분류

로 할인 현재의 가치로 평가해 주는 방식을 채택하고 있는 것이 국제회계기준이다. 따라서 임금상승률, 퇴직률, 사망률, 할인률, 기대수익률

▼ 재무제표 인식

	일반기업회계기준	국제회계기준
재무제표 작성주체	회사	회사
필요 정보	재직자정보(30일 평균임금, 근속연수), 제도 정보	재직자, 제도, 제도자산, 기초율, 회계정책, 가중현금흐름 등(부담금, 퇴직급여지급액)
계리적 평가	추정이나 평가 불필요	최선의 가정치에 근거한 추정재무이므로 계리적 평가 필요
필요 가정	없음	임금상승률, 퇴직률, 사망률, 할인율, 사외적립자산 기대수익률
외부 보험계리인 개입	없음	회계감사 시 전문성, 독립성의 문제점으로 인해 외부 보험계리인 개입가능성 높음

재무제표 인식액	일반기업회계기준	국제회계기준
대차대조표에서 인식할 금액 (순부채)	추계액 (−)사외적립자산	확정급여채무(DBO) (−)사외적립자산 (+)미인식 보험수리적 손익 (−)미인식 과거 근무원가
손익계산서에서 인식할 금액 (퇴직급여원가)	추계액의 증가분 (−)당기 퇴직급여발생액	당기근무원가 (+)이자원가 (−)사외적립자산 기대수익 (+−)보험수리적 손익 (+)과거근무원가

등 다양한 가정이 필요하다. 그 외에 큰 차이점으로는 1년 미만 근속자의 경우 기존 회계제도에서는 채무측정 대상에서 제외되었으나, 국제회계기준에서는 1년 미만 근속자도 장래 퇴직급여지급 대상으로 보고 퇴직급여 채무로 인식하게 된다. 이로 인해 퇴직부채가 증가할 수 있지만 그 영향은 크지 않을 것으로 생각된다. 단, 1년 미만 근속자가 일시에 증가되고, 그 비중이 전체 근속자 대비 비중이 클 경우에는 다소 영향이 있다.

국제회계기준 도입에 따라 '퇴직급여산출서비스'가 중요한 화두로 대두되었다. 현재 대형금융사를 중심으로 '퇴직급여산출서비스'가 제공되어 왔으나, 금융감독원의 지침에 따라 2014년부터는 유료화된다. 기업 입장에서는 상당한 부담이 늘어나게 되는 것이다.

사업자 변경 및 퇴직연금 규약 변경

2005~2010년이 퇴직연금제도 도입기였다면, 2011~2013년은 퇴직연금시장의 황금기로 그 시장 규모는 매년 2배씩 커지고 있다. 2013년 기준 57개의 퇴직연금 사업자와 퇴직연금 적립금 85조 원을 자랑하는 퇴직연금시장은 금융기관 간에 치열한 각축전을 벌어지고 있는 만큼 그 부작용도 심심치 않게 발생하고 있다. 초기에는 주거래 은행이거나 지인관계 등의 사유로 사업자를 선정하는 경향이 많았으나, 최근에는 다양한 사유로 사업자 변경이 많이 일어나고 있다.

사업자 변경현상은 앞으로 더욱 빈번히 발생할 것으로 예상된다. 불건전 영업행위에 대한 반발, 사후관리서비스 불만에 따른 이탈, 근로자의 사업자 변경 요구, 주거래 금융기관의 변경 등 그 사유도 다양해질 것이다.

최근에는 퇴직연금 유치도 중요하지만, 유치한 퇴직연금을 잘 유지하는 것 또한 매우 중요하다는 것에 대한 공감대가 형성되어 가고 있다. 보험연구원이 발표한 자료에 의하면 퇴직연금 사업자를 변경하는 주요 요인 중 하나가 은행 등 금융기관의 불건전 가입권유라고 밝히고 있다. 대출조건부 가입권유, 조건부 기존대출 만기 연장 등 은행권의 불건전한 영업행위에 대한 반발로 사업자를 변경하고 있다는 것이다. 사실 은행에서의 일명 '꺾기' 행위는 당장은 쉽게 근절되기 어려운 현상일 것이다. 그러나 최근에는 은행도 금융감독원의 구속성 지침에 따라 꺾기 영업을 지양하고, 정상적인 영업과 컨설팅을 통한 유치를 추진하고 있다. 사업자 변경의 또 다른 사유는 근로자의 요구 때문이다. 퇴직연금 사업자 간 차별성이 줄어드는 운영과정에서 고객을 만족시키지 못하면 기존 사업자들의 계약유지는 어려워진다. 따라서 향후에는 퇴직연금 자산의 운용과 이에 대한 컨설팅, 부가서비스의 제공 수준에 따라 퇴직연금 사업자 변경이 빈번하게 발생할 것으로 보인다. 근로자의 눈높이를 맞추지 못하는 사업자는 사업권을 빼앗기게 될 것이다. 사업자를 변경하기 위해서는 다소 복잡한 절차를 거쳐야 한다. 먼저 고용노동부에 신고한 퇴직연금 규약의 변경신고가 이루어져야 한다. 이때 퇴직연금 사업자 변경에 따른 근로자 과반수 이상의 동의가 필요하다. 이후에는 퇴직연금 사업자 변경절차에 따르면 된다. 다만 이때 예금의 만기가 도래하지 않은 경우나, 펀드의 수익률 하락 시 환매에 따른 불이익을 받을 수 있다는 점을 주지해야 한다. 그러나 만약, 향후 퇴직연금 사업자 간 계약이전 시, 이전하고자 하는 상품이 각 회사에 동일하게 존재하고 사업자 간 전산상의 문제가 없을 경우에는 현물이전이 가능해질 것으로 보인다. 고용노동부도 계약이전 시 사업자 간 현물이전도 가능한 것으로 유권해석 하고 있다.

▼ 퇴직연금 사업자 변경절차 및 필요 서류

내용	필요 서류(금융기관별로 상이)
퇴직연금 규약 변경 신고	• 퇴직연금 규약신고서 • 퇴직연금 규약 • 전 · 후 대비표 • 근로자 과반수 이상의 동의서
이전요청	• 인수기관의 계약이전 요청공문 발송 • 퇴직연금 계약이전 신청서 및 동의서 작성 • 규약 변경 신고수리증 • 인수기관의 통장사본(지점계좌)
계약체결 및 계약이전완료	• 운용관리계약, 자산관리계약 • 계약이전완료

▼ 퇴직연금 규약 변경 전·후 대비표(예시)

변경 전	변경 후	비고
제5조(퇴직연금사업자의 선정) ① 법 제15조 제1항의 업무(이하 "운용관리업무"라 한다)를 수행하는 퇴직연금사업자(이하 "운용관리기관"이라 한다)는 다음과 같이 정한다. 　명칭: 주식회사 OO은행 　　퇴직연금사업자 등록번호: 05-OOO- 　주소: 서울특별시 중구 　대표: OOO	제5조(퇴직연금사업자의 선정) ① 법 제15조 제1항의 업무(이하 "운용관리업무"라 한다)를 수행하는 퇴직연금사업자(이하 "운용관리기관"이라 한다)는 다음과 같이 정한다. 1)명칭: OO은행 　퇴직연금사업자 등록번호: 05-OOO- 　주소: 서울특별시 중구 　대표: OOO 2) 명칭: OO은행 　퇴직연금사업자 등록번호: 05-OOO- 　주소: 서울특별시 중구 　대표: OOO	퇴직연금사업자추가 (운용관리)
② 법 제16조 제1항의 업무(이하 "자산관리업무"라 한다)를 수행하는 퇴직연금사업자(이하 "자산관리기관"이라 한다)는 다음과 같이 정한다. 　명칭: 주식회사 OO은행 　　퇴직연금사업자 등록번호: 05-OOO 　주소: 서울특별시 중구 　대표: OOO	② 법 제16조 제1항의 업무(이하 "자산관리업무"라 한다)를 수행하는 퇴직연금사업자(이하 "자산관리기관"이라 한다)는 다음과 같이 정한다. 1) 명칭: OO은행 　퇴직연금사업자 등록번호: 05-OOO 　주소: 서울특별시 중구 　대표: OOO 2) 명칭: OO은행 　퇴직연금사업자 등록번호: 05-OOO- 　주소: 서울특별시 중구 　대표: OOO	퇴직연금사업자추가 (자산관리)
③ 제1항 및 제2항의 퇴직연금사업자를 변경하거나 퇴직연금사업자를 추가로 선정하고자 하는 경우에는 사용자는 근로자대표의 동의를 얻어야 한다. 제6조 (간사기관 및 역할) ① 제5조에서 운용관리기관이 복수인 경우에는 원활한 업무처리를 위해 간사기관을 정한다.	③ 제1항 및 제2항의 퇴직연금사업자를 변경하거나 퇴직연금사업자를 추가로 선정하고자 하는 경우에는 사용자는 근로자대표의 동의를 얻어야 한다. 제6조 (간사기관 및 역할) ① 제5조에서 운용관리기관이 복수인 경우에는 원활한 업무처리를 위해 간사기관을 정한다. 간사기관은 주식회사 OO은행으로 한다.	간사기관 선정

106

퇴직연금도 예금자보호 되나?

　금융기관이 영업정지나 파산 등으로 고객예금을 지급하지 못할 경우 해당 예금자는 물론 전체 금융제도의 안정성도 큰 타격을 입게 된다. 이러한 사태를 방지하기 위해 우리나라는 예금자보호법을 제정하여 고객의 예금을 보호하는 제도를 갖추고 있는데 이를 "예금보호제도"라고 한다. 예금보험은 "동일한 종류의 위험을 지닌 사람들이 평소에 기금을 적립하여 만약의 사고에 대비한다"는 보험원리를 이용하여 예금자를 보호하는 제도이다. 즉 예금자보호법에 의해 설립된 예금보험공사가 평소에 금융기관으로부터 보험료^{예금보험료}를 받아 기금^{예금보험기금}을 적립한 후, 금융기관이 예금을 지급할 수 없게 되면 금융기관을 대신하여 예금을 지급하게 된다. 보호대상 금융회사는 은행, 보험사, 투자매매업자, 투자중개업자, 종합금융회사, 상호저축은행 등이다. 새마을금고는 현재 예금보험공사의 보호대상 금융회사가 아니며, 관련 법률에 따른 자체기금에 의해 보호되고 있다. 1997년 말 IMF 사태 이후 금융산업 구조조정에 따른 사회적 충격을 최소화하고 금융거래의 안정성 유지를 위하여 2000년 말까지 한시적으로 예금 전액을 보장하였지만, 2001년부터는 예금부분보호제도로 전환하여, 2001년 1월 1일 이후 부보금융기관이 보험사고^{영업정지, 인가취소} 발생으로 파산할 경우, 원금과 소정의 이자를 합하여 1인당 최고 5

천만 원까지 예금을 보호하고 있다. 한편, 예금보험공사로부터 보호 받지 못한 나머지 예금은 파산한 금융기관이 선순위채권을 변제하고 남은 재산이 있는 경우 이를 다른 채권자들과 함께 채권액에 비례하여 분배받음으로써 그 전부 또는 일부를 돌려받을 수 있다. 최근 저축은행 부실사태가 터지면서 서민들의 예금이 큰 사회문제가 되었다. 5,000만 원을 초과하는 금액에 대해서는 우선변제권이 없으므로 최악의 경우 돈을 몽땅 날릴 수도 있기 때문에 금융사의 선택은 더욱 중요하다. 확정기여형 퇴직연금제도^{DC}는 원리금 5,000만 원까지 예금자보호가 적용된다. 따라서 금융기관이 영업정지나 파산하는 경우에도 5,000만 원까지는 퇴직금의 안정성이 보장된다. 최근 금융위원회의 금융산업 발전방안에 따르면 퇴직연금을 기존 예금과는 별도로 1인당 5,000만 원을 한도로 보호되게 된다. 2014년 예금자보호법 개정을 통해 시행이 확정되면 퇴직금의 보장기능이 한층 강화될 것으로 보인다. 그러나 5,000만 원을 초과하는 경우에는 예금자보호대상에서 제외된다. 따라서 금융기관을 선택할 때는 영업정지나 파산 등의 우려가 적은 우량한 금융사를 선택하는 것이 바람직하다.

자사상품 편입비율 제한조치

2014년부터는 퇴직연금 신탁계정에 예금과 주가연계증권ELS 등 은행과 증권사의 원리금 보장상품을 30% 이상 편입할 수 없게 되며 2015년 이후에는 자사상품 편입이 완전히 금지된다. 다만, 회사별 적립금이 10억 원 미만인 사업장이나 신탁계약금이 예금자보호법에 따라 보호되는 금액5천만 원 이내인 경우는 제외된다. 이에 따라 2014년부터는 DB는 10억 원 이상, DC는 5,000만 원 이상 가입하는 경우에는 자사상품비율 제한조치 적용대상에 해당되어 자사의 예금이나 ELS 편입비율이 30%까지로 제한되며, 70% 이상은 타금융기관이 제공하는 상품에 가입해야 한다. 예를 들어 DB형에 10억 원을 가입하게 되면 A은행에서 제공하는 정기예금에 30%를, B은행에서 제공하는 예금에 70%를 가입해야 한다. 또한 2014년 이전에 가입된 상품이라 하여도 추가입금을 하는 경우나 제도를 전환하는 경우DB→DC, 사업자를 변경하는 등의 경우에는 70% 이상을 타사상품에 가입해야 한다. 은행과 증권사는 이를 고객에게 적극적으로 홍보하고 타사상품 가입을 권유해야 한다. 2011년 8월말 현재 은행은 99.8%, 증권사는 44.3%를 자사상품으로 편입하고 있다.

금융위원회는 이번 개정 규정이 시행되면 근로자 수급권보호와 퇴직연금제도 정착에 악영향을 주고 있는 퇴직연금 사업자 간의 과

구분	변경 전	2013.4.1~	2014.~	2015.~	비고
운용규제 적용대상	DB 10억 원 이상 DC, IRP 5천만 원 초과	현행과 동일	현행과 동일	현행과 동일	적립금평가 금액기준
자행예금 비율	최대 70%까지	최대 50% 까지	최대 30% 까지	0%	지속적 하향
편입비율 준수	임의	의무	의무	의무	의무비율 준수

※ 고객이 사전에 동의하지 않은 경우 미운용자산으로 남아 기대수익률과 차이 발생

열 경쟁과 불건전 영업행위가 사라질 것으로 기대하고 있다. 그러나 이번 시행된 자사상품 편입비율 제한조치로 은행과 증권업은 큰 혼란에 빠졌다. 우선 가입고객의 의사와 무관하게 70%를 타사상품으로 가입하게 됨에 따라 고객응대에 혼란이 가중될 것으로 보고 있다. 만약 고객이 동의하지 않을 경우 운용을 거절하도록 하고 있는데 미운용자산의 발생은 고객의 수익에 나쁜 영향을 미치게 된다. 물론 사업자가 고객에게 재운용지시를 요구하는 등의 적극적 처리를 하도록 규정하고 있지만 이 또한 쉽지 않을 전망이다.

통상임금 산정지침

판단기준 예시	통상임금	평균임금	기타금품
1. 소정근로시간 또는 법정근로시간에 대하여 지급하기로 정하여진 기본급 임금	O	O	
2. 일·주·월 기타 1임금산정기간 내의 소정근로시간 또는 법정근로시간에 대하여 일급·주급·월급 등의 형태로 정기적·일률적으로 지급하기로 정하여진 고정급임금			
① 담당업무나 직책의 경중 등에 따라 미리 정하여진 지급조건에 의해 지급하는 수당: 직무수당(금융수당, 출납수당), 직책수당(반장수당, 소장수당) 등	O	O	
② 물가변동이나 직급간의 임금격차 등을 조정하기 위하여 지급하는 수당: 물가수당, 조정수당 등	O	O	
③ 기술이나 자격·면허증소지자, 특수작업종사자 등에게 지급하는 수당: 기술수당, 자격수당, 면허수당, 특수작업수당, 위험수당 등	O	O	
④ 특수지역에 근무하는 근로자에게 정기적·일률적으로 지급하는 수당: 벽지수당, 한냉지근무수당 등	O	O	
⑤ 버스, 택시, 화물자동차, 선박, 항공기 등에 승무하여 운행·조종·항해·항공 등의 업무에 종사하는 자에게 근무일수와 관계없이 일정한 금액을 일률적으로 지급하는 수당: 승무수당, 운항수당, 항해수당 등	O	O	
⑥ 생산기술과 능률을 향상시킬 목적으로 근무성적에 관계없이 매월 일정한 금액을 일률적으로 지급하는 수당: 생산장려수당, 능률수당 등	O	O	
⑦ 기타 제①내지 제⑥에 준하는 임금 또는 수당	O	O	
3. 실제 근로 여부에 따라 지급금액이 변동되는 금품과 1임금산정기간 이외에 지급되는 금품			

판단기준 예시	통상임금	평균임금	기타금품
① [근로기준법]과 [근로자의날제정에관한법률] 등에 의하여 지급되는 연장근로수당, 야간근로수당, 휴일근로수당, 월차유급휴가근로수당, 연차유급휴가근로수당, 생리휴가보전수당 및 취업규칙 등에 의하여 정하여진 휴일에 근로한 대가로 지급되는 휴일근로수당 등	대법판례 ◎	○	
② 근무일에 따라 일정금액을 지급하는 수당: 승무수당, 운항수당, 항해수당, 입갱수당 등		○	
③ 생산기술과 능률을 향상시킬 목적으로 근무성적 등에 따라 정기적으로 지급하는 수당: 생산장려수당, 능률수당 등		○	
④ 장기근속자의 우대 또는 개근을 촉진하기 위한 수당: 개근수당, 근속수당, 정근수당 등		○	
⑤ 취업규칙 등에 미리 지급금액을 정하여 지급하는 일·숙직수당		○	
⑥ 상여금			
가. 취업규칙 등에 지급조건, 금액, 지급시기가 정해져 있거나 전 근로자에게 관례적으로 지급하여 사회통념상 근로자가 당연히 지급받을 수 있다는 기대를 갖게 되는 경우: 정기상여금, 체력단련비 등	대법판례 ◎	○	
나. 관례적으로 지급한 사례가 없고, 기업이윤에 따라 일시적·불확정적으로 사용자의 재량이나 호의에 의해 지급하는 경우: 경영성과배분금, 격려금, 생산장려금, 포상금, 인센티브 등			○
⑦ 봉사료(팁)로서 사용자가 일괄관리 배분하는 경우		○	
4. 근로시간과 관계없이 근로자에게 생활보조적·복리후생적으로 지급되는 금품			
① 통근수당, 차량유지비			
가. 전 근로자에게 정기적·일률적으로 지급하는 경우	대법판례 ◎	○	
나. 출근일수에 따라 변동적으로 지급하거나 일부 근로자에게 지급하는 경우			○
② 사택수당, 월동연료수당, 김장수당			
가. 전 근로자에게 정기적·일률적으로 지급하는 경우		○	
나. 일시적으로 지급하거나 일부 근로자에게 지급하는 경우			○
③ 가족수당, 교육수당			

판단기준 예시	통상임금	평균임금	기타금품
가. 독신자를 포함하여 전 근로자에게 일률적으로 지급하는 경우		○	
나. 가족수에 따라 차등지급되거나 일부 근로자에게만 지급하는 경우 (학자보조금, 근로자 교육비 지원 등의 명칭으로 지급)			○
④ 급식 및 급식비			
가. 근로계약, 취업규칙 등에 규정된 급식비로써 근무일수에 관계없이 전 근로자에게 일률적으로 지급하는 경우	대법판례 ◎	○	
나. 출근일수에 따라 차등지급하는 경우			○
5. 임금의 대상에서 제외되는 금품			
1. 휴업수당, 퇴직금, 해고예고수당			○
2. 단순히 생활보조적, 복리후생적으로 보조하거나 혜택을 부여하는 금품 : 결혼축의금, 조의금, 의료비, 재해위로금, 교육기관·체육시설 이용비, 피복비, 통근차·기숙사·주택제공 등			○
3. 사회보장성 및 손해보험성 보험료부담금 : 고용보험료,의료보험료, 국민연금, 운전자보험 등			○
4. 실비변상으로 지급되는 금품 : 출장비, 정보활동비, 업무추진비, 작업용품 구입비 등			○
5. 돌발적인 사유에 따라 지급되거나 지급조건이 규정되어 있어도 사유발생이 불확정으로 나타나는 금품 : 결혼수당, 사상병수당 등			○
6. 기업의 시설이나 그 보수비 : 기구손실금 등			○

■ 통상임금 관련 대법원 전원합의체 판결(대법: 2012다 94643 임금)

1. 통상임금의 개념 및 판단기준

(가) 통상임금은 근로자가 소정근로시간에 통상적으로 제공하는 근로인 소정근로 (도급근로자의 경우에는 총 근로)의 대가로 지급하기로 약정한 금품으로서 정기적·일률적·고정적으로 지급되는 임금을 말하고, 그 임금이 '1임금산정기간' 내에 지급되는 것인지 여부는 판단기준이 아니다. 따라서 어떠한 임금이 통상임금에 속하는지 여부는 그 임금이 소정근로의 대가로 근로자에게 지급되는 금품으로서 정기적·일률적·고정적으로 지급되는 것인지를 기준으로 그 객관적인 성질에 따라 판단하여야 하고, 임금의 명칭이나 그 지급주기의 장단 등 형식적 기준에 의해 정할 것이 아니다.

⇒ 통상임금은 정기적·일률적·고정적으로 지급되어야 한다.

(나) 통상임금에 속하기 위한 성질을 갖춘 임금이 1개월을 넘는 기간마다 정기적으로 지급되는 경우, 이는 노사 간의 합의 등에 따라 근로자가 소정근로시간에 통상적으로 제공하는 근로의 대가가 1개월을 넘는 기간마다 분할지급되고 있는 것일 뿐, 그러한 사정 때문에 갑자기 그 임금이 소정근로의 대가로서의 성질을 상실하거나 정기성을 상실하게 되는 것이 아님은 분명하다. 따라서 정기상여금과 같이 일정한 주기로 지급되는 임금의 경우 단지 그 지급주기가 1개월을 넘는다는 사정만으로 그 임금이 통상임금에서 제외된다고 할 수는 없다.

⇒ 정기적으로 지급하는 상여금은 통상임금에 포함한다.

(다) 어떤 임금이 통상임금에 속하기 위해서는 그것이 일률적으로 지급되는 성질을 갖추어야 한다. '일률적'으로 지급되는 것에는 '모든 근로자'에게 지급되는 것뿐만 아니라 '일정한 조건 또는 기준에 달한 모든 근로자'에게 지급되는 것도 포함된다. 여기서 '일정한 조건'이란 고정적이고 평균적인 임금을 산출하려는 통상임금의 개념에 비추어 볼 때 고정적인 조건이어야 한다. 일정 범위의 모든 근로자에게 지급된 임금이 일률성을 갖추고 있는지 판단하는 잣대인 '일정한 조건 또는

기준'은 통상임금이 소정근로의 가치를 평가한 개념이라는 점을 고려할 때, 작업 내용이나 기술, 경력 등과 같이 소정근로의 가치 평가와 관련된 조건이라야 한다.

⇒ 일률적이라 함은 모든 근로자에게 지급되는 것 뿐만 아니라, 일정한 조건 또는 기준에 달한 모든 근로자에게 지급되는 것 포함

(라) '고정성'이라 함은 '근로자가 제공한 근로에 대하여 그 업적, 성과 기타의 추가적인 조건과 관계없이 당연히 지급될 것이 확정되어 있는 성질'을 말하고, '고정적인 임금'은 '임금의 명칭 여하를 불문하고 임의의 날에 소정근로시간을 근무한 근로자가 그 다음 날 퇴직한다 하더라도 그 하루의 근로에 대한 대가로 당연하고도 확정적으로 지급받게 되는 최소한의 임금'이라고 정의할 수 있다. 고정성을 갖춘 임금은 근로자가 임의의 날에 소정근로를 제공하면 추가적인 조건의 충족 여부와 관계없이 당연히 지급될 것이 예정된 임금이므로, 그 지급 여부나 지급액이 사전에 확정된 것이라 할 수 있다. 이와 달리 근로자가 소정근로를 제공하더라도 추가적인 조건을 충족하여야 지급되는 임금이나 그 조건 충족 여부에 따라 지급액이 변동되는 임금 부분은 고정성을 갖춘 것이라고 할 수 없다.

⇒ 고정성은 소정근로를 제공하면 추가적인 조건의 충족 여부와 관계없이 당연히 지급될 것으로 예정된 임금이다.

(마) 근속수당의 지급조건에 일정 근무일수를 기준으로 그 미만은 일할계산하여 지급하고 그 이상은 전액 지급하기로 정해진 경우 그 일할계산하여 지급되는 최소한도의 임금은 고정적인 임금이라고 보아야 하는데도, 이와 달리 이를 지급 여부 및 그 지급액이 실제 근무성적에 의하여 달라진다는 이유로 비고정적인 임금으로 통상임금에 해당하지 아니한다고 판단한 대법원 1996. 3. 22. 선고 95다56767 판결과 문제가 된 복리후생적 명목의 급여가 지급일 당시 재직 중일 것을 지급조건으로 하는지 여부에 관하여 심리하지 아니한 채 해당 급여가 단체협약 등에 의하여 일률적·정기적으로 지급되는 것으로 정해져 있다는 사정만으로 통상임금에 해당한다고 판단한 대법원 2007. 6. 15. 선고 2006다13070 판결 등을 비롯한 같은 취지의 판결들은 이 판결의 견해에 배치되는 범위 내에서 이를 모두 변경하기로 한다.

2. 근로기준법상 통상임금에 해당하는 임금을 통상임금에서 제외하는 노사합의의 효력(무효)

성질상 근로기준법상의 통상임금에 속하는 임금을 통상임금에서 제외하기로 노사 간에 합의하였다 하더라도 그 합의는 효력이 없다. 연장·야간·휴일 근로에 대하여 통상임금의 50% 이상을 가산하여 지급하도록 한 근로기준법의 규정은 각 해당 근로에 대한 임금산정의 최저기준을 정한 것이므로, 통상임금의 성질을 가지는 임금을 일부 제외한 채 연장·야간·휴일 근로에 대한 가산임금을 산정하도록 노사 간에 합의한 경우 그 노사합의에 따라 계산한 금액이 근로기준법에서 정한 위 기준에 미달할 때에는 그 미달하는 범위 내에서 노사합의는 무효라 할 것이고, 그 무효로 된 부분은 근로기준법이 정하는 기준에 따라야 할 것이다.

3. 정기상여금을 통상임금에서 제외하는 노사합의가 있는 경우 그 노사합의의 무효를 주장하며 정기상여금이 포함된 통상임금을 기초로 한 법정수당의 추가 지급을 청구하는 것이 신의성실의 원칙에 위배되는지 여부

⇒ 신의성실의 원칙 위배되어 허용될 수 없다.

(가) 단체협약 등 노사합의의 내용이 근로기준법의 강행규정을 위반하여 무효인 경우에, 그 무효를 주장하는 것이 신의칙에 위배되는 권리의 행사라는 이유로 이를 배척한다면 강행규정으로 정한 입법취지를 몰각시키는 결과가 될 것이므로, 그러한 주장이 신의칙에 위배된다고 볼 수 없음이 원칙이다. 그러나 노사합의의 내용이 근로기준법의 강행규정을 위반한다고 하여 그 노사합의 무효 주장에 대하여 예외 없이 신의칙의 적용이 배제되는 것은 아니다. 위에서 본 신의칙을 적용하기 위한 일반적인 요건을 갖춤은 물론 근로기준법의 강행규정성에도 불구하고 신의칙을 우선하여 적용하는 것을 수긍할만한 특별한 사정이 있는 예외적인 경우에 한하여 그 노사합의의 무효를 주장하는 것은 신의칙에 위배되어 허용될 수 없다.

⇒ 강행규정을 위반하여 무효를 이유로 신의칙에 반한 청구는 할 수 없다.

(나) 노사가 자율적으로 임금협상을 할 때에는 기업의 한정된 수익을 기초로 하여 상호 적정하다고 합의가 이루어진 범위 안에서 임금을 정하게 되는데, 우리나

라의 실태는 임금협상 시 임금 총액을 기준으로 임금 인상 폭을 정하되, 그 임금 총액 속에 기본급은 물론, 일정한 대상기간에 제공되는 근로에 대응하여 1개월을 초과하는 일정 기간마다 지급되는 상여금(이하 '정기상여금'이라고 한다), 각종 수당, 그리고 통상임금을 기초로 산정되는 연장·야간·휴일 근로수당 등의 법정수당까지도 그 규모를 예측하여 포함시키는 것이 일반적이다. 이러한 방식의 임금협상에 따르면, 기본급, 정기상여금, 각종 수당 등과 통상임금에 기초하여 산정되는 각종 법정수당은 임금 총액의 범위 안에서 각 금액이 할당되고 그 지급형태 등이 결정된다는 의미에서 상호 견련관계가 있는 것이다. 그런데 우리나라 대부분의 기업에서는 정기상여금은 그 자체로 통상임금에 해당하지 아니한다는 전제 아래에서, 임금협상 시 노사가 정기상여금을 통상임금에서 제외하기로 합의하는 실무가 장기간 계속되어 왔고, 이러한 노사합의는 일반화되어 이미 관행으로 정착된 것으로 보이는데, 이러한 관행이 정착하게 된 데에는, 상여금의 연원이 은혜적·포상적인 이윤배분이나 성과급에서 비롯된 점, 상여금이 근로의 대가로서 정기적·일률적으로 지급되는 경우가 많다고는 하지만 여전히 성과급, 공로보상 또는 계속근로 장려 차원에서 지급되는 경우도 있고 그 지급형태나 지급조건 등이 다양하여 그 성질이 명확하지 아니한 경우도 있는 점, 고용노동부의 '통상임금 산정지침'이 일관되게 정기상여금을 통상임금에서 제외하여 온 점, 대법원 판례상으로도 2012. 3. 29. 대법원 2010다91046 판결이 선고되기 전에는 정기상여금이 통상임금에 해당할 수 있음을 명시적으로 인정한 대법원 판결은 없었던 점 등이 그 주요 원인이 되어 노사 양측 모두 정기상여금은 통상임금에서 제외되는 것이라고 의심 없이 받아들여 왔기 때문인 것으로 보인다.

(다) 위와 같은 방식의 임금협상 과정을 거쳐 이루어진 노사합의에서 정기상여금은 그 자체로 통상임금에 해당하지 아니한다고 오인한 나머지 정기상여금을 통상임금 산정기준에서 제외하기로 합의하고 이를 전제로 임금수준을 정한 경우, 근로자 측이 앞서 본 임금협상의 방법과 경위, 실질적인 목표와 결과 등은 도외시한 채 임금협상 당시 전혀 생각하지 못한 사유를 들어 정기상여금을 통상임금에 가산하고 이를 토대로 추가적인 법정수당의 지급을 구함으로써, 노사가 합의한 임

금수준을 훨씬 초과하는 예상 외의 이익을 추구하고 그로 말미암아 사용자에게 예측하지 못한 새로운 재정적 부담을 지워 중대한 경영상의 어려움을 초래하거나 기업의 존립을 위태롭게 한다면, 이는 종국적으로 근로자 측에까지 그 피해가 미치게 되어 노사 어느 쪽에도 도움이 되지 않는 결과를 가져오므로 정의와 형평 관념에 비추어 신의에 현저히 반하고 도저히 용인될 수 없음이 분명하다. 그러므로 이와 같은 경우 근로자 측의 추가 법정수당 청구는 신의칙에 위배되어 받아들일 수 없다.

⇒ 근로자의 추가 법정수당 청구는 신의칙에 위배되어 받아들일 수 없다.

최저 적립 수준 검증에 있어서 적립금 평가의 기준

　　원리금보장 운용방법 및 실적배당형 운용방법의 적립금 평가방법에 대해 노동부의 '퇴직연금규약심사지침'에 의하면 확정급여형 퇴직연금제에 있어 재정건정성을 확보하기 위한 최저 적립 수준 검증에 있어서 적립금 평가는 매 사업연도 말 직전 3개월간의 시간평균으로 하도록 규정하고 있다. 그러므로 확정급여형 퇴직연금제에 있어 실적배당형 운용방법과 같이 운용실적에 따라 그 평가액이 달라지는 경우의 적립금 평가는 위 지침과 같이 매 사업연도 말 직전 3개월간의 시간평균으로 하는 것이 타당하다. 그러나 원리금보장 운용방법과 같이 기간의 경과에 따라 일정한 이자수익이 확보되는 경우의 적립금 평가는 매 회계연도 말일 현재의 산정금액으로 평가하여도 무방하다.

02 CEO 퇴직연금

[I. CEO 퇴직연금의
베이직Basic]

2,000명의 CEO를 만나다

지난 5년간 1,000개 이상의 중소기업을 방문하고, 2,000명이 넘는 CEO 및 임원을 면담해왔다. 면담을 통해 본 대다수의 중소기업은 임원퇴직금 규정에 대한 오해와 무지로 수많은 문제를 가지고 있었다. 임원퇴직금에 대한 명확한 지침이나 참고할 만한 책은 턱없이 부족했으며, 전문가의 도움을 받기에도 여러면에서 어려웠다. 외부적 환경이 열악할 뿐만 아니라 구성원의 인식이나 임원 및 실무자의 지식 수준 등 내부적 환경도 매우 취약하였다. 현장상담을 바탕으로 임원의 퇴직금 규정과 관련하여 중소기업과 CEO가 잘못 알고 있는 대표적인 사실들을 3가지 형태로 정리하면 첫째, 임원은 퇴직금이 없다고 생각하거나, 퇴직금 준비의 필요성을 느끼지 못해 퇴직금을 준비하지 않는다. 둘째, 임원이 근로자와 동일하다고 생각하고 중간정산을 한다. 셋째, 퇴직금에 관심은 있으나, 잘못 알고 적용한다. 세 가지 모두가 여러 가지 문제를 가지고 있다. 법률 및 세무검토와 관련한 전문가의 지원이 가능한 대기업은 큰 문제없이 임원의 퇴직금에 대한 지급 규정을 제정·시행하고 있지만, 중소기업은 법률 및 세무 관련 전문가가 부재한 경우가 허다하고 정확한 정보를 얻을 정보원도 부족하여 임원의 퇴직금 규정 제정 및 실행에 큰 어려움을 느끼고 있었다.

▼ Research자료(2,000명의 CEO 상담결과)

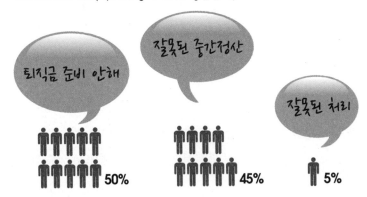

퇴직금 준비의 필요성 못 느껴

현장에서 CEO를 면담해보니 생각보다 많은 CEO가 퇴직금을 준비하지 않고 있었다. 대부분의 중소기업은 "CEO가 곧 대주주"로 회사의 주인이 회사를 직접 경영하기 때문에 "기업의 성장이 곧 CEO의 성공"이 된다. 창업자는 회사를 성장시키기 위해 온 힘을 기울이고 이러한 힘은 중소기업을 강하게 만드는 원동력이 된다. 퇴직금을 받는다는 것 자체를 부끄럽게 생각하는 CEO도 있을 정도로 회사와 CEO의 일체감이 매우 강하다. 문제는 퇴직금을 준비하지 않으면 CEO는 근로소득 또는 배당으로 소득을 올려야 하기 때문에 많은 세금을 부담한다는 것이다. 주주가 경영을 참여하는 것은 책임경영, 빠른 의사결정과 추진 등 여러 가지 장점이 있지만 폐해도 적지 않다. CEO는 '회사가 곧 나'라는 생각을 하면서 회사 돈을 구분 없이 사용하게 된다. 회사 돈이 CEO의 쌈짓돈이 되어 버리는 것이다. 그러기에 별도의 퇴직금을 준비해야 할 필요성을 크게 느끼지 못하게 된다. 또 언제든지 돈이 필요하면 회사를 매각할 수 있다는 생각을 가지고 있다. 회사의 사회적 책임이나 고용의 안정성 등은 고려사항이 되지 않는다. 문제는 그로 인해 수많은 근로자의 고용이 불안해지고 생활고에 시달리게 된다는 것이다. 기업은 대기업이든 중소기업이든 사적 소유물이 아니다. 이러한 문제를 해결하기 위해서는 CEO가 아름답게

떠날 수 있는 길을 마련해주는 것이 좋다. 그래야 근로자의 고용이 유지될 수 있기 때문이다. 경영자로서의 충분한 예우와 보상금을 지급함으로써 기업과 근로자 그리고 경영자가 모두 윈-윈 할 수 있는 길을 찾아야 한다.

임원의 성과보상방법 3가지

많은 세금을 내야 하는 근로소득

퇴직금을 준비하지 않거나 못하는 경우, 임원은 근로소득 또는 배당으로 소득으로 수령하게 된다. 그러나 명칭을 불문하고 상여인센티브, 보너스, PS, PI 등의 형태를 지급하거나, 급여를 올리게 되면 근로소득이 증가하여 종합소득세가 늘어난다. 대부분의 임원은 최고 세율구간인 38.5~41.8%지방소득세 포함에 해당하게 되고, 많은 세금을 납부하게 된다. 또한 근로소득 증가에 따른 추가적 준조세부담도 증가[1]하게 된다.

---

1 건강보험료 산출방법
  • 건강보험료＝보수월액×건강보험료율
  • 장기요양보험료＝건강보험료×장기요양보험료율
  • 정산 후 상한선(보수월액이 7,810만 원, 초과는 7,810만 원 적용, 2013년 7월부터는 7,810만 원 초과는 7,810만 원 적용), 하한선(보수월액이 28만 원, 미만은 28만 원 적용) 적용
  • 보험료율 2013년 7월 1일 부터 건강보험료 5.99%, 장기요양보험료 6.55%
  국민연금 산출방법
  • 표준소득월액×9%
  • 보험료 상한선 398만 원, 하한선 25만 원

배당소득
해도 고민, 안 해도 고민

배당을 받는 경우는 근로의 대가가 아니라, 주주로서 이익을 분배받는 것이다. 2013년 세법 개정으로 배당소득은 이자소득과 합산하여 2,000만 원 이내에서는 15.4%^{지방소득세 포함}의 원천징수로 납세의무가 종결되지만, 2,000만 원을 초과하는 경우에는 종합소득에 합산되어 세금이 증가하게 된다. 이로 인해 배당 여부를 고민하는 경우가 많다. 배당을 받는 것을 꺼리게 되는 가장 큰 이유는 역시 세금 때문이다. 그러나 주주이익 실현을 극대화하는 것이 기업의 가장 큰 목적이므로 적절한 배당은 필요한 것이며, 적절한 배당 규모는 전문가와 협의하여 결정함이 바람직하다.

세금 확 줄여주는 퇴직소득·연금소득

퇴직소득세가 다른 세금에 비해 싸다고 말씀드리면 대부분 물어보는 질문이 있다. "퇴직소득세가 얼마입니까?, 퇴직소득세는 왜 싼 겁니까?" 퇴직금은 근로관계에 따라 발생하는 것으로 퇴직 후 안정적인 경제생활을 도모하기 위해 임금후불 성격으로 지급하는 것으로 노후에 생활비로 사용하라는 의미가 강하다. 이런 이유로 퇴직소득공제와 근속연수공제[2]가 있고 이러한 공제로 인해 과세의 기준이 되는 금액이 현저히 줄어들게 된다. 또한 퇴직금은 다른 소득과는 다르게 분류과세[3] 되기 때문에 세금부담이 줄어들게 되는 것이다.

---

2 근속연수 공제표

근속연수	공제액
5년 이하	30만 원 × 근속연수
5년 초과 ~ 10년 이하	150만 원 + 50만 원 × (근속연수 - 5년)
10년 초과 ~ 20년 이하	400만 원 + 80만 원 × (근속연수 - 10년)
20년 초과	1,200만 원 + 120만 원 × (근속연수 - 20년)

3 소득세는 종합소득, 양도소득, 퇴직소득으로 구분하여 각각 합산하지 않고 별도로 과세하게 된다. 따라서 종합소득에 해당하는 근로소득, 배당소득은 합산되어 종합소득세가 증가하게 되지만, 분류과세 대상인 퇴직소득은 별도로 과세되기 때문에 세금합산의 문제가 사라지게 되는 것이다.

회사, 그만두지 않아도
퇴직금 받을 수 있다?
- 현실적인 퇴직

"중소기업을 24년간 운영해온 56세 권00 사장은 ○○은행에서 제안한 가업승계 컨설팅을 받고 큰 아들 권장남 이사에게 사업을 물려주었다. 권사장은 회장이 되어 경영조언 등의 업무를 담당하기로 했다. 권사장은 노후를 보낼 주택건립을 위해 목돈이 필요했고, 지난 24년간 근무한 퇴직금을 수령하고자 한다. 퇴직하지 않은 권사장은 퇴직금을 받을 수 있을까?"

임원은 근로자와는 여러 가지로 다르다. 근로자는 회사를 그만둘 때 퇴직금을 받아가지만, 임원은 회사를 계속 경영하면서도 연봉제로 전환하고 향후 퇴직금을 수령하지 않을 조건으로 퇴직금을 수령할 수 있다. 회사경영을 하면서 퇴직금을 수령할 수 있는 것이다. 이를 현실적인 퇴직이라 한다. 현실적인 퇴직이 중간정산과 다른 점은 중간정산은 중간정산을 한 뒤에도 퇴직금이 계속 쌓이지만, 현실적인 퇴직은 향후 퇴직금이 없다는 것이다.

아직도 "임원도 퇴직금이 있나요?" 라고 묻는 CEO

또 하나는 퇴직금을 준비하지 못한 경우이다. 아직도 많은 임원들이 "임원은 퇴직금이 없다"고 생각하는데 그렇지 않다. 임원도 주주총회 결의를 통해 퇴직금을 지급받을 수 있다. 법인세법 시행령 제44조 제1항에 임원퇴직금의 손금산입에 관한 근거를 두고 있기 때문이다. 또한 소득세법 제22조에 임원의 퇴직금 한도액 규정을 명문화함으로써 그 근거를 명확하게 하고 있다.

■ 법인세법 시행령 제44조

1. 법인의 사용인이 당해 법인의 임원으로 취임한 때
2. 법인의 임원 또는 사용인이 그 법인의 조직변경·합병·분할 또는 사업양도에 의하여 퇴직한 때
3. 「근로자퇴직급여보장법」 제8조 제2항에 따라 퇴직급여를 중간정산하여 지급한 때
4. 법인의 임원에 대한 급여를 연봉제로 전환함에 따라 향후 퇴직급여를 지급하지 아니하는 조건으로 그때까지의 퇴직급여를 정산하여 지급한 때
5. 정관 또는 정관에서 위임된 퇴직급여지급규정에 따라 장기요양 등 기획재정부령으로 정하는 사유로 그때까지의 퇴직급여를 중간정산하여 임원에게 지급한 때(중간정산 시점부터 새로 근무연수를 기산하여 퇴직급여를 계산하는 경우에 한정한다)

■ 법인세법 시행령 제44조의 2

법인이 임원 또는 사용인에게 지급하는 퇴직급여는 임원 또는 사용인이 현실적으로 퇴직하는 경우에 지급하는 것에 한하여 이를 손금에 산입한다.

■ 법인세법 시행령 제44조의 4

법인이 임원에게 지급한 퇴직급여 중 다음 각 호의 어느 하나에 해당하는 금액을 초과하는 금액은 손금에 산입하지 아니한다.

1. 정관에 퇴직급여(퇴직위로금 등을 포함한다)로 지급할 금액이 정하여진 경우에는 정관에 정하여진 금액
2. 제1호 외의 경우에는 그 임원이 퇴직하는 날로부터 1년 동안 해당 임원에게 지급한 총급여액의 10분의 1에 상당하는 금액에 기획재정부령으로 정하는 방법에 의하여 계산한 근속연수를 곱한 금액

■ 소득세법 제22조 제3항(개정 2012.1.1)

퇴직소득금액은 제1항 각 호에 따른 소득의 금액의 합계액으로 한다. 다만, 대통령령으로 정하는 임원의 퇴직소득금액(2011년 12월 31일에 퇴직하였다고 가정할 때 지급받을 퇴직소득금액이 있는 경우에는 그 금액을 뺀 금액을 말한다)이 다음 계산식에 따라 계산한 금액을 초과하는 경우에는 제1항에도 불구하고 그 초과하는 금액은 근로소득으로 본다.

> 퇴직한 날부터 소급하여 3년 동안 지급받은 총급여의 연평균환산액
> ×1/10×2012년 1월 1일 이후의 근속연수×3

임원이 회사에 손실을 끼친 경우

　임원에게 퇴직금을 지급하는 것도 중요하지만 해사 행위 등 일정한 사유가 있는 경우에까지 퇴직금을 지급해야 하는지가 문제된다. 해사 행위 등으로 징계를 받는 경우까지 퇴직금을 지급해야 한다면 도덕적 해이가 극에 달하고, 기업의 이익에 반하는 것이기 때문이다. 이에 대하여 명문의 규정이나 다수의 학설이 존재하고 있지는 않다. 다만, 주주총회에서 퇴직금을 지급하기로 결의한 사안을 이사회나 임원회의 등에서 지급 여부를 변경하는 것은 주주가 임원의 보수와 퇴직금을 규정하도록 한 상법의 정신에 위배되는 것으로 볼 여지가 있다. 따라서 주주가 주주총회를 통해 퇴직금의 지급사항 및 해사 행위 등에 따른 퇴직금 미지급 사유 등을 구체적으로 규정하고 이를 정관 또는 정관의 위임규정에 명시함이 바람직하다. 공무원의 경우 비위 행위가 있는 경우 징계위원회의 의결을 통해 파면 또는 해임되는 경우 퇴직금이 없거나, 퇴직금을 감액하여 지급하고 있다. 이를 준용하여 비리혐의가 있는 경우 징계위원회를 통해 징계를 결정하고 이에 대한 효력을 주주총회를 통해 규정함이 바람직하겠다. 미국의 경우 경영실패에 대한 책임에도 불구하고 천문학적인 퇴직금을 지급하는 경우가 있었다. 이는 사적 자치와 계약을 매우 중시하는 영미법의 특성이 반영된 결과로 보여진다. 그러나 그에 대한 제재의 움직임

또한 곳곳에서 나타나고 있다.

GM, AIG, BOA처럼 CEO가 회사에 손실을 끼친 경우까지 퇴직금을 지급한다는 것은 국민의 법 감정에 반할 뿐만 아니라 회사의 자본충실의무에도 어긋나므로 이와 같이 회사에 손실을 끼치는 등 특별한 사유가 있는 경우에는 임원에 대해 퇴직금을 지급하지 않기로 주주총회에서 특별 결의를 한다면 퇴직금을 지급하지 않을 수도 있다고 봄이 타당하다.

CASE 1. **○○화재 판결**

재판부는 판결문에서 "이사회 결의 당시 경영실적과, 재무상태가 지속적으로 어려운 상황이었고 이사회 결의 당시에는 회사 매각이 진행 중이어서 이사진의 교체가 충분히 예상되고 있었다"며 "퇴임을 앞둔 원고에 대해 퇴직금과 별도로 고액의 퇴직위로금 지급을 결의한 것은 회사의 자본충실을 지나치게 해하는 것으로 무효"라고 밝혔다.

관심은 있는데 잘못된 규정을 적용하는 경우

많은 CEO는 퇴직금 등에 많은 관심을 가지고 있는데 법률 및 세무지식의 부족으로 잘못된 규정을 만들거나 적용하는 경우가 많다. 가장 흔한 경우는 임원의 보수와 퇴직금을 정관에 규정하도록 하고 있음에도 이를 인지조차 못하고 있는 경우이다. 임원의 보수와 퇴직금은 정관에 기준이 정하여져 있거나 정관에서 위임된 퇴직급여지급규정에 정하여져 있어야 한다. 또 다른 유형은 임원의 보수와 퇴직금은 주주총회 의결사항임에도 이사회에 포괄적으로 위임한 경우이다. 이 경우에는 임원의 퇴직금지급규정으로 보지 않는다.

> 법인이 임원에게 퇴직금을 지급함에 있어 정관에 퇴직금지급규정에 대한 구체적인 위임사항을 규정하지 아니하고 '별도의 퇴직금지급규정에 의한다'라고만 규정하여 특정 임원의 퇴직 시 임의로 동 규정을 변경·지급할 수 있는 경우에는 법인세법 시행령 제44조 제4항의 경우에 해당하지 아니하는 것이다.
>
> 법인 46012-405, 2001.2.21
>
> 정관에 임원퇴직금지급기준의 대강이 정해져 있지 않고, 임원퇴직금지급규정을 주주총회에 포괄적으로 위임하고 또 주주총회에서는 이사회에 재차 포괄적으로 위임한 경우 정관에 정한 임원퇴직금지급규정이 없는 것으로 본다.
>
> 심사법인 99-32, 1999.4.09

임원퇴직금 규정 이사회 위임 무효

　많은 CEO나 임원은 퇴직소득에 관한 내용을 다 알지는 못해도 퇴직금에 관한 내용은 은행, 증권사 및 보험사로부터 많이 들었을 것이다. 그러나 문제는 잘못 알고 있는 경우가 대부분이라는 것이다. 잘못 알고 있는 것은 모르는 것만 못해 그로 인한 많은 문제를 발생시킨다. 다음은 그 대표적인 실수를 정리한 것이다.

CASE 2.

1990년 지방에서 제조업체를 설립하여 운영해온 C사장은 주주총회에서 임원퇴직금지급규정을 이사회에 위임한다고 가결했고, 같은 날 이사회에서 임원퇴직금지급규정을 제정했다. 몇 년 후 C사장은 아들에게 회사경영권을 물려주고 일선에서 퇴임하면서 임원퇴직금 규정에 의해 퇴직금 30억 원을 수령했다. 그런데 2년 뒤 국세청은 이사회에서 정한 임원퇴직금지급규정은 무효라면서 법정퇴직금을 초과해 지급한 임원퇴직금을 손금부인하고 거액의 소득세를 추징했다. C사장은 행정소송을 하였으나 결국 패소했다.

　위 사례에서 C사장은 무엇을 잘못한 것일까? 결론부터 말하면 임원퇴직금지급규정을 이사회에 위임한 것이 잘못된 것이다. 임원의 보수와 퇴직금은 반드시 주주총회의 결의를 통해 정관 또는 정관에서 위임한 규정에 정해야 하는데 C사장은 정관에서 정하지 않고 포괄적으로 이사회에 위임함으로써 임원의 퇴직금 규정이 무효로 처리된 것이다.

그럼 왜 주주총회에서 정하도록 하고 있을까? 임원의 보수와 퇴직금을 정관에 규정한 이유는 회사의 주인인 주주가 주주총회를 통해 임원에 대해 견제 및 통제를 하고, 주주이익을 극대화한 경우 자율적으로 임원의 보수와 퇴직금을 지급하라는 의미가 있다. 따라서 주주총회가 아닌 이사회의 의결은 무효가 되는 것이다. 통상 중소기업은 주주총회에 익숙하지 않고, 한 번도 개최하지 않은 경우가 다반사이다. 정관도 회사 설립 시 법무사가 제시해준 표준정관[4]을 그대로 쓰고 이후 별다른 신경을 쓰지 않는 곳도 많아 이러한 문제가 발생하는 것이다. 임원의 퇴직금지급규정은 반드시 주주총회의 결의를 통해 정관 또는 정관에서 위임한 임원의 퇴직금지급규정에 의해야 하며, 이사회에 포괄적으로 지급 여부와 금액을 위임하는 경우 이는 무효이다.

> 상법 제388조는 이사의 퇴직금은 보수의 일종으로 주주총회 결의로 정하도록 규정하고 있는데도 원고 회사는 이사회 결의로 정했다. 이는 이사회가 주주로부터 아무런 통제도 받지 않고 이사의 퇴직금 및 퇴직위로금을 지급할 수 있도록 한 것으로, 상법 규정을 위반해 무효이다.
>
> 서울지방법원 민사 41부(○○화재해상보험판시)

----
4 표준정관규정 중 임원의 보수와 퇴직금 예시

> 제13조 임원의 보수와 퇴직금
> 임원의 보수와 퇴직금은 주주총회의 결의를 통해 정관에 정한다.

경영성과를 고려하지 않은 퇴직금 대폭 증액은 무효!

회사의 경영성과와 무관하게 임원의 퇴직금을 대폭 증액하여 지급하는 것이 가능할까? 대부분의 중소기업 CEO는 퇴직금 규정 정비를 미루는 경향이 있다. 만약 임원퇴직금 지급을 위한 정비를 미루던 중 회사가 자금난에 빠져 도산할 위기에 처하면 임원은 어떻게 대처해야 할까? 적대적 인수·합병을 당해 해임되는 경우에는 어떻게 될까? 이때는 퇴직금을 대폭 증액하여 지급할 수 있는지가 문제된다. ○○화재해상보험의 사례와 같이 경영실적이 악화되어 지배주주와 이사진의 교체가 명백히 예상되는 경우에는 임원의 퇴직금을 대폭 증액하여 지급할 수 없다. 이는 회사의 자본충실의무를 지나치게 해하는 것이기 때문이다.

CASE 3. ○○화재해상보험 사례

"경영실적이 악화돼 지배주주와 이사진의 교체가 명백히 예상되는 상황에서 이사회가 임원퇴직금을 대폭 증액한 것은 무효"라는 판결이 나왔다. 서울중앙지법 민사 41부는 ○○화재해상보험 전 대표이사 양모씨가 회사 측을 상대로 "퇴직 전 이사회에서 개정한 규정에 따라 퇴직금을 지급하라"고 제기한 소송에서 원고 패소 판결했다. 양씨는 지난 2003년 ○○화재에 입사해 그 이듬해부터 대표이사로 재직했다. 2006년 3월 회사 사정이 어려워져 대주주가 바뀌면서 퇴직했다. ○○화재 이사회는 대주주가 바뀌기 직전 이사회를 열어 퇴직금을 기존에 비해 2배 이상 늘리는 결의를 했다. 또 이사회는 퇴직을 한 달 앞둔 2월경 양씨에게 '잔여임기 통상임금과 1년분 통상임금'에 해당하는 퇴직위로금을 지급키로 했다. 그러나 양씨가 퇴직한 후 회사를 인수한 대주주는 앞선 2차례의 이사회를 취소하고 과거 규정을 적용, 세금을 제외한 8,700만 원을 퇴직금으로 지급하자 양씨는 소송을 제기했다.

재판부는 판결문에서 "이사회 결의 당시 경영실적과 재무상태가 지속적으로 어려운 상황이었고 이사회 결의 당시에는 회사 매각이 진행 중이어서 이사진의 교체가 충분히 예상되고 있었다"며 "퇴임을 앞둔 원고에 대해 퇴직금과 별도로 고액의 퇴직위로금 지급을 결의한 것은 회사의 자본충실을 지나치게 해하는 것으로 무효"라고 밝혔다.

임원은 중간정산이 한 번 가능하다?
- 현실적인 퇴직이란 개념 때문에 생긴 오해

중소기업 사장님들의 또 다른 오해 중 하나가 '임원이 한 번은 중간정산이 가능하다'는 것이다. 임원에게 한 번의 중간정산이 허용된다는 것은 잘못된 생각이다. 이러한 오해가 생긴 이유는 현실적인 퇴직이란 낯선 개념 때문이다. 근로자는 회사를 그만두는 것이 퇴직이며 이때 퇴직금이 발생하지만, 임원은 연봉제 전환 및 향후 퇴직금 미수령을 조건으로 퇴직금을 수령하면 이를 현실적인 퇴직으로 보아 퇴직금으로 처리할 수 있는데 이를 오해한 것이다. 즉 근무를 계속하면서도 퇴직금을 수령할 수 있다. 단, 향후에는 퇴직금을 지급하지 않아야 한다. 이를 잘못 이해하여 퇴직금의 중간정산이 가능하다고 생각하는 것이다. 그러나 현실적인 퇴직은 향후 퇴직금의 지급이 불가능하므로 중간정산이란 개념을 적용하는 것은 적절하지 않다.

임원이 중간정산을 해온 경우

　원칙적으로 임원은 중간정산이 불가능하다. 다만 2010년 3월 31일 법인세법 시행규칙의 일부개정으로 인해 임원이 일정한 사유에 해당하는 경우에는 중간정산을 허용하고 있다.

■ 법인세법 시행규칙 제22조 3(2010년 3월 31일 신설)

1. 중간정산일 현재 1년 이상 주택을 소유하지 아니한 세대의 세대주인 임원이 주택을 구입하려는 경우(중간정산일부터 3개월 내에 해당 주택을 취득하는 경우만 해당한다)
2. 임원(임원의 배우자 및 「소득세법」 제50조 제1항 제3호에 따른 생계를 같이하는 부양가족을 포함한다)이 3개월 이상의 질병치료 또는 요양을 필요로 하는 경우
3. 천재·지변, 그밖에 이에 준하는 재해를 입은 경우

　위 경우가 아니면 임원에게 중간정산은 허용되지 않는다. 또한 2010년 3월 31일 이전에 위 사항에 해당하는 사유로 중간정산을 하였다면 잘못된 중간정산이다. 그럼에도 불구하고 임원이 근로자와 동일한 것으로 착각하여 중간정산을 실시한 경우, 그 횟수와 금액에 상관없이 그 중간정산 금액은 업무무관 가지급금이 된다. 즉 회사에서

임원에게 돈을 빌려준 것으로 간주하여 임원은 회사에 이자를 납부하여야 한다. 그러나 현실은 이자의 지급이 이루어지지 않고 있으며, 이를 과세당국은 '인정이자'의 형식으로 과세한다. 내부거래를 엄격하게 통제하는 과세당국은 가지급금에 대해 부정적인 입장을 가지고 있으며, 다음과 같은 제재규정, 즉 패널티를 부과하고 있다.

- 지급이자의 손금불산입
- 가지급금 인정이자 익금산입
- 대손충당금 설정대상 채권에서 배제 및 대손처리 불가

TIP 2. 과세당국은 업무무관 가지급금을?

"업무와 직접 관련 없이 지급한 가지급금"이라 하며, 이는 명칭 여하에 불구하고 특수 관계자(임원, 주주) 등에게 지급한 당해 법인의 업무와 관련이 없는 자금의 대여금으로 정의된다.

중간정산 시 패널티

임원은 가지급금을 상환할 때까지 가지급금에 대한 이자를 지급하여야 한다. 이자를 지급하지 않을 경우 인정이자[5]는 상여로 처분되어 임원 등에게 소득세를 부과한다.

예시 5억 원 가지급금 발생 시 – CEO(종합소득세)

5억 원의 6.9%인 4,250만 원에 대해 임원에게 상여처분되어 1,636만 원의 종합소득세가 추가적으로 발생하게 되며, 가지급금 상환 시까지 매년 세금이 발생한다.

> 5억 원 가지급금 발생=5억 원×6.9%=3,450만 원에 대한 상여처분
> 3,450만 원(근로소득공제 미고려)×38.5%=약 1,328만 원 세금발생
> 또는 3,450만 원×41.8%=약 1,442만 원 세금발생

법인은 가지급금에 대한 인정이자 만큼의 수익이 발생하므로 실제로 받지 않았다 하더라도 **법인세 등의 부담이 증가하게 된다.**

----
5 인정이자율(2013년 기준)은 법인의 차입금에 대한 가중평균이자율과 당좌대출이자율(연 6.9%) 중 선택

예시 5억 원 가지급금 발생 시 – 법인(법인세)

5억 원의 6.9%인 3,450만 원에 대해 법인세 등이 증가하여 3,450만 원×24.2%=835만 원의 법인세가 추가적으로 발생하게 된다.

5억 원 가지급금 발생 시 개인 1,442만 원+법인 835만 원 등 2,277만 원이 추가적으로 발생하며 10년 누적 시 약 2억 2,777만 원에 해당하는 엄청난 세금을 납부하게 된다.

> 5억 원 가지급금 발생=5억 원×6.9%=3,450만 원에 대해 법인세 부담
> 3,450만 원×22%=690만 원(법인세율 20% 가정)
> 또는 3,450만 원×24.2%=835만 원(법인세율 22%가정)

가지급금은 결국 빌린 돈이므로 회사에 상환해야 하며 미상환 시에도 대손인정이 되지 않으므로, 결국 법인세법상 비용처리가 불가능하며, 계속 가지급금으로 남아 매년 법인세 및 소득세를 추가부담해야 한다.

> ■ 국세청 유권해석
> 법인이 임원에 대한 퇴직금을 매년 중간정산해 지급하게 될 경우 당해 중간정산 퇴직금을 법인세법상 업무무관 가지급금으로 보아 인정이자계산 등을 해야 한다.
> 서면2팀-2135 2006.10.24

중간정산을 했다면 어떻게 해야 하나?

수정신고

우리나라 세법은 원칙적으로 '신고주의'를 채택하고 있다. 즉 신의성실의 원칙에 입각해 적법하게 세무신고를 했다고 판단하는 것이다. 그래서 잘못 신고된 경우에도 이를 일단은 받아들여 준다. 그러나 통상 5년을 주기로 실시되는 세무조사에서 위법사항이 발견되면 세금을 추징한다. 따라서 가장 좋은 방법은 잘못된 것을 바로잡는 것이다. 수정신고를 통하여 잘못된 것을 바로잡는 것이 가장 현명한 방법이다.

> ■ 국세기본법 제81조의 3(납세자의 성실성 추정)
> 세무공무원은 납세자가 제81조의 6 제2항 각 호의 어느 하나에 해당하는 경우를 제외하고는 납세자가 성실하며 납세자가 제출한 신고서 등이 진실한 것으로 추정하여야 한다.

세무조사

그럼에도 불구하고 수정신고에 의한 세무조사 등으로부터 오는 두려움이 있는 것도 사실이다. '굳이 긁어 부스럼 만들 필요가 없다'는 사고방식에서 기인한 것이다. 그래서 세무조사 때까지 기다리는 경우도 많이 있다. 통상 세무조사는 최대 5년치 정도를 조사하기 때문에 이전 것은 대상에서 제외될 수도 있기 때문이다. 또한 근로자처럼 매년 중간정산하는 등 그 내용과 금액이 과소한 경우 과실로 판단하여 세금추징이 줄어들 가능성도 있다. 그러나 금액이 과다하거나 수법이 고의적인 경우 원칙대로 과세될 뿐만 아니라, 징벌적 과징금도 추가적으로 부과될 수 있음을 유념해야 한다. 즉 세금추징에 대한 리스크를 안고 가는 것이다.

중간정산했다면 향후 퇴직금 발생이 불가능한가?

원칙적으로 임원은 중간정산이 불가능하기 때문에 중간정산을 한 경우라면 가지급금으로 처리되어야 한다.

중간정산 금액이 작은 경우

근로자처럼 매년 중간정산을 했다거나, 한 번 했으나 금액은 작은 경우 그 중간정산 금액 합계액은 미미할 것이다. 예를 들어 연봉으로 1억 원을 받는 CEO가 근로자처럼 한 달치 퇴직금 830만 원을 10년 동안 수령했다면, 총수령액은 8,300만 원 수준이다. 향후 연봉 상승과 정관 조정을 통한 퇴직금 상승분에 비한다면 8,300만 원은 작은 금액일 수 있다. 또는 집을 구매하기 위해 1억 원 정도를 중간정산한 경우도 마찬가지이다. 이런 경우 수정신고 또는 세무조사 대비 등 위에서 언급한 방법으로 처리하고 퇴직연금제도에 가입하는 것을 검토하는 것이 좋다.

중간정산 금액이 큰 경우

중간정산 금액이 큰 경우는 대부분 주택구입, 개인명의의 투자 등이 많다. 이 경우 중간정산 금액은 매우 커질 수 있으므로 신중한 판단이 필요하다. 예를 들어 연봉으로 1억 원을 받는 CEO 20년 근속가 10억 원 정도 퇴직금을 중간정산한 경우에는 현실적인 퇴직으로 처리하고 연봉제로 전환, 퇴직금을 미지급하는 것이 바람직하다. 만약 가지급금으로 처리되어 법인세, 소득세 등이 추가발생하게 되면 막대한 손해가 예상되기 때문이다. 이때 주의할 것은 연봉제 전환 시에 근로자처럼 별도의 퇴직금이 있어서는 안 된다는 것이다. 즉 급여로만 소득처리해야 하고 퇴직소득의 형태로는 소득처리해서는 안 된다. 따라서 일률적으로 판단할 것이 아니라 케이스에 따라 전문가의 의견을 충분히 청취하여 처리함이 필요하다.

중간정산 후 퇴직금제도를 부활한 경우

임원에 대한 급여를 연봉제로 전환함에 따라 향후 퇴직금을 지급하지 아니하는 조건으로, 그때까지의 퇴직금을 정산하여 지급한 법인이 추후 주주총회에서 임원의 퇴직금제도를 연봉제 이전의 방식으로 전환하고 재전환일로부터 기산하여 퇴직금을 지급하기로 결의한 경우 당초 지급하였던 퇴직금에 대하여는 '법인의 업무와 관련 없이 지급한 가지급금 등'으로 보지 아니하는 것이나, 당초 연봉제 전환을 통하여 퇴직금을 지급한 것이 임원에게 자금을 대여하기 위한 목적이라고 인정되는 경우에는 그러하지 아니하는 것으로 어디에 해당하는지는 실제 내용에 따라 사실 판단할 사항이다.

서이 46012-10622, 2003.3.26

중소기업 사장님을 면담하다 보면 "퇴직금을 중간에 한 번은 빼 사용할 수 있다고 하던데 어떻게 하는 거냐"는 질문을 가장 많이 받는다. 위와 같은 내용이 사장님들의 입을 타고 전해진 것이다. 위 경우는 연봉제 전환 후 향후 퇴직금의 미지급을 조건으로 퇴직금을 수령하였으나, 이후 주주총회에서 다시 퇴직금제도를 부활시키고 임원에게 퇴직금을 지급하기로 결의한 경우이다. 이 경우에는 두 가지의 경우의 수가 발생할 수 있다. 먼저, 위 경우처럼 퇴직금의 지급이 인정되고 추후 부활된 퇴직금제도에 의해 추가적인 퇴직금의 적립이 가능한 경우이다. 두 번째는 기 지급된 퇴직금이 임원에게 대여를 목적으로 지급한 것으로 판단되어 기 지급된 퇴직금이 업무무관 가지급금으로 바뀌는 경우이다. 원칙적으로 연봉제 전환 및 퇴직금을 미지급하기로 한 후 퇴직금을 수령하였다면, 추후 퇴직금을 지급할 경우 이전에 지급한 퇴직금은 업무무관 가지급금이 된다. 위 사안은 임원이 실제 퇴직의사를 가지고 퇴직금을 수령하고, 연봉제로 전환한 것으로 현실적인 퇴직금으로 인정받은 후, 주주가 다시 퇴직금제도를 부활시킨 것이다. 이 경우 적법한 주주총회를 통해 퇴직금제도의 부활과 임원에 대한 퇴직금 지급이 가능하다. 이 때문에 많은 중소기업에서 임원퇴직금의 중간정산을 위해 위와 같은 방법을 이용하고 있다. 그러나 서면질의서에도 단서를 달았듯이 이전에 지급한 퇴직금 지급이 실제적 퇴직을 위한 목적으로 인정되고, 임원에게 자금을 대여하기 위한 것이 아니어야 한다. 향후 퇴직금의 미지급을 조건으로 한 연봉제 전환퇴직금 수령 후 주주총회를 거쳐 퇴직금제도를 부활시키는 것이 정당하게 인정받기 위해서는 현실적인 퇴직으로 볼 진정성이 있고, 주주총회가 적법하며 주주에 의한 실질적인 임원 통제가 이루어져야 한다. 또한, 퇴직금제도의 부활이 합당한 사유가 있는 등의 요건을 구비해야 할 것이다. 따라서 위의 경우를 가지고 섣불리 퇴직금을 수령하기 위하여 주주총회를 통해 퇴직금제도를 부활하는 방법을 사용할 경우 손금불산입될 가능성이 있으므로 유의해야 한다.

> 연봉제 전환 이후의 근속연수에 대하여 별도의 퇴직금을 지급하는 경우에는 당초 중간정산하여 지급한 퇴직금은 손금산입할 수 없으며, 임원에 대한 업무무관 가지급금으로 보게 된다.
>
> 법인 46012-1667, 1999.5.3

세법 개정 전 퇴직소득과 세법 개정 후 퇴직소득의 변화

2013년 세법이 개정되기 전까지의 퇴직소득세 규정

퇴직급여	총퇴직급여 − 비과세퇴직소득
− 퇴직소득공제	40%(2013년 기준)
− 근속연수공제	근속연수 공제표 참조
= 퇴직소득과세표준	① = 퇴직소득과세표준 ÷ 근속연수
	② = ① × 세율
	③ = ② × 근속연수
= 퇴직소득산출세액	

▼ 근속기간 10년, 퇴직금 1억 원인 근로자의 퇴직소득세

구분	① 종전법 적용 (입사일~'12.12.31)	계산근거
퇴직급여액	100,000,000	퇴직금 1억 원
퇴직소득공제	44,000,000	정률공제＋근속연수공제
퇴직소득과세표준	56,000,000	퇴직소득과세표준÷근속연수
연평균과세표준	5,600,000	세율(6%)
연평균산출세액	336,000	연평균산출세액×근속연수
퇴직소득산출세액	3,360,000	산출세액×지방자치세(10%)
최종납부세액	**3,696,000**	실효세율 3.7%

▼ 근속기간 20년, 퇴직금 10억 원인 임원의 퇴직소득세

구분	① 종전법 적용 (입사일~'12.12.31)	계산근거
퇴직급여액	1,000,000,000	퇴직금 10억 원
퇴직소득공제	412,000,000	정률공제＋근속연수공제
퇴직소득과세표준	588,000,000	퇴직소득과세표준÷근속연수
연평균과세표준	29,400,000	세율(15%)
연평균산출세액	3,330,000	연평균산출세액×근속연수
퇴직소득산출세액	66,600,000	산출세액×지방자치세(10%)
최종납부세액	**73,260,000**	실효세율 7.3%

2013년 세법이 개정된 후後의 퇴직소득세 규정

퇴직급여	총퇴직급여 − 비과세퇴직소득
−퇴직소득공제	40%(2013년 기준)
−근속연수공제	근속연수 공제표 참조
=퇴직소득과세표준	① = 퇴직소득과세표준 ÷ 근속연수
	② = (① × 5) × 기본세율
	③ = (② ÷ 5) × 근속연수
=퇴직소득산출세액	

▼ 근속기간 10년, 퇴직금 1억 원인 근로자의 퇴직소득세

구분	① 개정세법 적용 ('13.1.1~)	계산근거
퇴직급여액	100,000,000	퇴직금 1억 원
퇴직소득공제	44,000,000	정률공제 + 근속연수공제
퇴직소득과세표준	56,000,000	퇴직소득과세표준 ÷ 근속연수 = ①
연평균과세표준	28,000,000	(① × 5) × 세율(15%) = ②
연평균산출세액	3,120,000	(② ÷ 5) × 근속연수 = ③
퇴직소득산출세액	6,240,000	산출세액 × 지방자치세(10%)
최종납부세액	**6,864,000**	**실효세율 6.86%**

▼ 근속기간 20년, 퇴직금 10억 원인 임원의 퇴직소득세

구분	① 개정세법 적용 ('13.1.1~)	계산근거
퇴직급여액	1,000,000,000	퇴직금 10억 원
퇴직소득공제	412,000,000	정률공제 + 근속연수공제
퇴직소득과세표준	588,000,000	퇴직소득과세표준 ÷ 근속연수 = ①
연평균과세표준	29,400,000	(① × 5) × 세율(35%) = ②
연평균산출세액	36,550,000	(② ÷ 5) × 근속연수 = ③
퇴직소득산출세액	146,200,000	산출세액 × 지방자치세(10%)
최종납부세액	**160,820,000**	**실효세율 16%**

영향분석

　세법이 개정되면서 퇴직소득세의 부담은 크게 증가하게 된다. 10년을 재직한 근로자의 퇴직금이 1억 원일 때 종전에는 약 3.7%의 퇴직소득세를 납부하면 되었지만 개정안에 따르면 6.86%의 세금을 납부해야 한다. 종전대비 185%의 세금부담이 증가하는 것이다. 고액 퇴직금 수령자는 세금부담이 더욱 증가한다. 20년을 재직한 임원의 퇴직금이 10억 원일 때 종전에는 약 7.3%의 퇴직소득세를 납부하였지만 개정안에 따르면 16%의 세금을 납부해야 한다. 종전대비 219%의 세금부담이 증가하는 것이다.

▼ 근속기간 10년, 퇴직금 1억 원인 근로자의 퇴직소득세

구분	① 종전법 적용 (입사일~'12.12.31)	계산근거
퇴직급여액	100,000,000	퇴직금 1억 원
퇴직소득공제	44,000,000	정률공제＋근속연수공제
퇴직소득과세표준	56,000,000	퇴직소득과세표준÷근속연수
연평균과세표준	5,600,000	세율(6%)
연평균산출세액	336,000	연평균산출세액×근속연수
퇴직소득산출세액	3,360,000	산출세액×지방자치세(10%)
최종납부세액	**3,696,000**	**실효세율 3.7%**

구분	① 개정세법 적용 ('13.1.1~)	계산근거
퇴직급여액	100,000,000	퇴직금 1억 원
퇴직소득공제	44,000,000	정률공제＋근속연수공제
퇴직소득과세표준	56,000,000	퇴직소득과세표준÷근속연수＝①
연평균과세표준	28,000,000	(①×5)×세율(15%)＝②
연평균산출세액	3,120,000	(②÷5)×근속연수＝③
퇴직소득산출세액	6,240,000	산출세액×지방자치세(10%)
최종납부세액	**6,864,000**	**실효세율 6.86%**

▼ 근속기간 20년, 퇴직금 10억 원인 임원의 퇴직소득세

구분	① 종전법 적용 (입사일 ~ '12.12.31)	계산근거
퇴직급여액	1,000,000,000	퇴직금 10억 원
퇴직소득공제	412,000,000	정률공제 + 근속연수공제
퇴직소득과세표준	588,000,000	퇴직소득과세표준 ÷ 근속연수
연평균과세표준	29,400,000	세율(15%)
연평균산출세액	3,330,000	연평균산출세액 × 근속연수
퇴직소득산출세액	66,600,000	산출세액 × 지방자치세(10%)
최종납부세액	**73,260,000**	**실효세율 7.3%**

구분	① 개정세법 적용 ('13.1.1~)	계산근거
퇴직급여액	1,000,000,000	퇴직금 10억 원
퇴직소득공제	412,000,000	정률공제 + 근속연수공제
퇴직소득과세표준	588,000,000	퇴직소득과세표준 ÷ 근속연수 = ①
연평균과세표준	29,400,000	(① × 5) × 세율(35%) = ②
연평균산출세액	36,550,000	(② ÷ 5) × 근속연수 = ③
퇴직소득산출세액	146,200,000	산출세액 × 지방자치세(10%)
최종납부세액	**160,820,000**	**실효세율 16%**

재직기간이 세법 개정 전·후에 걸쳐 있는 경우

재직기간이 세법 개정 전·후에 걸쳐 있는 경우에는 세법개정 전 재직기간에 대해서는 개정 전 법률이 적용되고, 세법개정 후 재직기

간에 대하여는 새로운 법률이 적용된다. 기간은 각 재직기간을 안분하며 각각의 규정에 의해 세금을 산출하게 된다.

▼ 개정 전 재직기간 4년, 개정 후 6년, 10년 근무, 퇴직금 1억 원인 경우

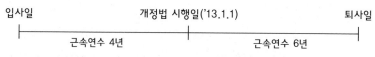

구분	① 종전법 적용 (입사일~ '12.12.31)	② 개정세법 적용 ('13.1.1~ 퇴사일)	계산근거
퇴직급여액	100,000,000		퇴직금 1억 원
퇴직소득공제	44,000,000		정률공제(40%) + 근속연수공제
퇴직소득 과세표준	56,000,000		퇴직소득과세표준 ÷ 근속연수 = ①
과세 표준안분	22,400,000	33,600,000	근속연수로 안분 ① 56,000,000 × 4년/10년 ② 56,000,000 × 6년/10년
연평균 과세표준	5,600,000	28,000,000	① 22,400,000/4년 ② (33,600,000 × 5)/6년
연평균 산출세액	336,000	3,120,000	① 5,600,000 × 6% ② (28,000,000 − 12,000,000) × 15% + 720,000
산출세액	1,344,000	3,744,000	① 336,000 × 4년 ② (3,120,000/5) × 6년
산출세액계	5,088,000		1,344,000 + 3,744,000
지방자치세	508,800		10%
최종납부세액	5,596,800		실효세율 5.6%

▼ 개정 전 재직기간 8년, 개정 후 12년, 20년 근무, 퇴직금 10억 원인 경우

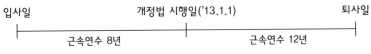

입사일　　　　　　　개정법 시행일('13.1.1)　　　　　　퇴사일

근속연수 8년　　　　　　　　근속연수 12년

구분	① 종전법 적용 (입사일~ '12.12.31)	② 개정세법 적용 ('13.1.1~ 퇴사일)	계산근거
퇴직급여액	1000,000,000		퇴직금 1억 원
퇴직 소득공제	412,000,000		정률공제(40%) + 근속연수공제
퇴직소득 과세표준	588,000,000		
과세 표준안분	235,200,000	352,800,000	근속연수로 안분 ① 588,000,000 × 8년/20년 ② 588,000,000 × 12년/20년
연평균 과세표준	29,400,000	147,000,000	① 22,400,000/8년 ② (352,800,000 × 5)/12년
연평균 산출세액	3,330,000	36,550,000	① (294,000,000 × 15%) − 1,080,000 ② (147,000,000 × 35%) − 14,900,000
산출세액	26,640,000	87,720,000	① 333,000 × 8년 ② (36,550,000/5) × 12년
산출세액계	114,360,000		26,640,000 + 87,720,000
지방자치세	11,436,000		10%
최종 납부세액	125,796,000		**실효세율 12.6%**

구분		개정 전	개정 전·후 (4:6)	개정 후
근로자	10년, 1억 원	약 3.7%	약 5.6%	약 6.8%
임원	20년, 10억 원	약 7.3%	약 12.6%	약 16%

퇴직소득세 / 점차 늘어날 것

향후 일시금으로 수령할 때 발생하는 퇴직소득세는 점점 늘어날 것으로 보인다. 이는 일시금의 수령을 연금으로 전환하여 수령하도록 하기 위한 정책적 선택이다. 위에서 살펴본 바와 같이 세법 개정 전에 비해 개정 후 세금의 부담이 1.5~2.5배까지 증가하는 것으로 나타난다. 따라서 향후 퇴직소득을 일시금으로 받는 관행은 연금 수령으로 변화될 것이다.

소결

2013년 세법이 개정되면서 연금소득세 규정은 다음과 같이 개정되었다. 개정안에 따르면, 연금소득의 분리과세 대상이 종전에는 공적연금과 사적연금을 합산한 600만 원을 한도로 하였으나, 현실성이 없어 개정안에서는 사적연금만을 대상으로 연간 1,200만 원까지 분리과세 요건을 완화하였다. 또한 5%의 단일세율에서 연령 및 유형별로 차등적으로 세율을 적용하여 3~5% 세금부담을 경감하였다. 향후 종신형으로 연금을 수령하는 경우 일시금으로 수령 시 납부하는 퇴직소득세에 대비하여 1/2 수준이 될 것으로 보인다.

개정 전(前)	개정 후(後)			
□ 연금소득 분리과세 • 적용대상: 공적연금 +사적연금 • 한도: 연간 600만 원	□ 분리과세 적용확대 • 적용대상: 사적연금 • 한도: 연간 1,200만 원			
□ 연금소득 원천징수세율 • 공적연금: 간이세액표 세율 • 사적연금: 5%	□ 연금소득 원천징수세율 • 공적연금: 간이세액표 세율 • 사적연금: 연령 및 유형에 따라 차등적용			

개정 후(後) 표 내부:

구분	원천소득별	유형 및 연령		세율
연금 수령 시	자기부담금, 운용수익	일반적인 경우		5%
	–	종신형 수령 · 70세 이후 수령		4%
	퇴직소득	종신형 수령 · 80세 이후 수령		3%
연금 외 수령 시	퇴직소득	퇴직소득세		기본 세율
	자기부담금	기타 소득세	통상적인 경우	15%
	운용수익		부득이한 경우	12%

※ 중복적용 시 유리한 세율로 적용

▢ 퇴직연금 납입요건	▢ 납입요건 완화
• 납입기간: 해당없음	• 납입기간: 5년 이상
• 자기부담금 납입한도:	• 자기부담금 납입한도: 연간 1,800만원(DC추가부담
− DC: 한도없음	금, 추가부담IRP, 연금저축 등 합산)
− 추가부담IRP: 연간	※ 단, 400만 원 한도 세액공제
1,200만 원	▢ 수령요건
※ 단, 400만 원 한도 세	• 수령개시: 55세 이후
액공제	• 최소납입기간 5년 경과 후 인출
▢ 수령요건	• 연간연금 수령한도 범위 내
• 수령개시: 55세 이후	• 10년 이상 수령: 한도 초과인출액은 "연금외수령"으
• 수령기간: 5년 이상	로 간주
• 최소 납입기간(10년) 경	※ '13.2.15 이후 연금수령을 개시하는 분부터 적용
과 후 인출	

자기부담금과 운용수익의 과세

퇴직연금제도는 자기부담금의 입금이 가능하다. 종전에는IRP연간 1,200만 원 한도와 DC형에 한해 추가납입이 가능하였으나 2013 개정세법에서는 DC추가부담금, 추가납입IRP연간 1,200만 원 한도, 연금저축을 합산하여 1,800만 원까지 납입이 가능하고, 400만 원을 한도로 세액공제가 가능하도록 변경되었다. 이를 수령할 때는 연금수령 시에는 3~5%의 연금소득세가 과세되며, 일시금으로 수령하는 경우에는 기타소득세가 과세된다. 즉 자기부담금과 운용수익은 연금수령3~5% 외에는 기타소득으로 기타소득세12~15%를 납부해야 한다.

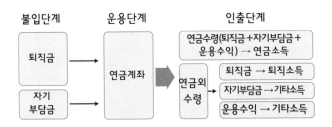

[
2. CEO가 열광하는
퇴직연금
]

임원은 근로자와 다르다

임원은 근로자와는 법률적으로 완전히 다른 위치에 있다. 근로자는 근로자퇴직급여보장법에 의해 퇴직금이 법적으로 보장되지만, 임원은 상법에서 정관을 통해 자율적으로 정하도록 하고 있다. 또한 근로자는 근로자퇴직급여보장법에서 퇴직금의 하한선을 규정하고 있을 뿐 상한선에 대한 규제는 없지만, 임원은 퇴직금의 하한선은 규정하고 있지 않으며 퇴직금의 상한선을 정관에 규정하도록 하고 있다. 2011년 말까지는 정관상에 퇴직금의 상한선에 대한 규정이 없다면 법인세법 시행령의 규정에 따라 연봉의 10%×근속연수가 퇴직금의 상한선이 된다. 그러나 2012년 1월 1일 소득세법의 개정에 따라 2012년 1월 1일 이후의 퇴직소득에 대하여는 연봉의 30%×근속연수가 퇴직 소득의 상한선이 된다.

임원	근로자
상법(정관에서 자율결정)	근로자퇴직급여보장법(법률보장)
퇴직금 상한선 규정(MAX)	퇴직금 하한선 규정(MIN)

임원에 관한 보수와 퇴직금을 상법에서 자유롭게 규정하도록 하는 이유는 첫째, 기업의 사적 자치를 존중한다는 의미가 담겨 있다. 즉 회사의 주인인 주주가 주주총회를 통해 임원의 보수와 퇴직금을 자율적으로 정하도록 함으로써 임원을 적절히 통제하고 견제함과 동시에, 높은 성과가 발생하는 경우 퇴직금의 가중지급 등을 통해 성과 보상을 해 줄 수 있도록 한 것이다. 둘째, 임원은 근로자처럼 법적으로 보호해야 할 만큼의 약자가 아니기 때문에 법적 보호가 아닌 회사의 자율적인 결정에 맡기는 것이다. 그러나 실질적으로 중소기업 임원 중에는 오너 외에 임원으로서 충분한 보상이나 대우를 받는 경우가 극히 드물며 근로자와 동일한 대우를 받는 경우가 더 많다.

부자 회사 & 가난한 CEO

많은 사람들이 임원은 높은 급여와 남다른 대우를 받는다고 생각하지만, 중소기업의 현실은 이와는 많이 다르다. 부자 회사에 가난한 CEO가 생각보다 많다. 대부분의 임원은 평생을 바쳐 회사를 일궈나가고 전 재산을 투자해 회사를 성장시키는 데 온 힘을 다한다. 그에 비해 돌아오는 보상은 턱없이 부족하다. 일부 그렇지 않은 기업주도 있겠지만 2,000명 이상의 임원과의 만남에서 자신의 이익을 챙기는 임원보다는 회사를 살리고 성장시키느라 정작 본인의 퇴직금은 준비하지 못한 경우가 더 많았다.

CEO 퇴직금 어떻게 산출되나?

　　대기업은 전문가의 법률 및 세무 관련 검토를 충분히 마치고 적법한 주주총회의 결의를 통해 임원의 퇴직금지급규정을 시행 중이다. K그룹, L그룹, C그룹, K기업 등 대부분의 대기업은 임원의 퇴직금을 증액하여 지급하고 있다.

CASE 4. **KT 임원퇴직금 더 받는다**

앞으로 KT 임원들은 퇴직금을 지금보다 더 많이 받을 전망이다. 특히 KT 회장은 5개월치 월급에 근속연수를 곱한 금액을 퇴직금으로 받게 된다. 18일 전자공시시스템과 KT에 따르면 KT는 오는 3월 12일 열리는 주주총회에서 이 같은 내용의 '임원퇴직금지급규정 변경안건'을 상정할 예정이다. 이 안건이 주총에서 의결되면 KT 회장은 퇴직일 이전 5개월간 지급된 기준연봉 총액에 근속연수를 곱해 퇴직금을 받게 된다. 또 상임이사는 3개월간, 상무 이상의 집행임원은 2.5개월간 지급된 기준연봉 총액에 근속연수를 곱한 금액을 퇴직금으로 받는다. 즉 KT 회장의 3년 임기 마지막 해 연봉이 3억 원이라면 퇴직금은 3억 7,500만 원이 되는 셈이다. 상임이사인 사장의 연봉과 임기가 회장과 같다면 각각 2억 2,500만 원을 퇴직금으로 받는다. 상무 이상이 같은 조건이라면 퇴직금은 1억 8,750만 원이다. 이는 퇴직금규정이 바뀌기 전과 비교했을 때 다소 늘어난 수치다. 현재 KT의 퇴직금지급규정은 사장의 경우에 3개월간 지급된 기준연봉 총액을 3등분한 금액에 근속연수와 4를 곱한 금액을 퇴직금으로 받는다. 근속연수 4배에 달하는 월급을 퇴직금으로 받은 셈이다. 회장이 사장과 같은 기준을 적용받는다면 연봉 3억 원, 임기 3년의 회장의 퇴직금은 3억 원이다. 따라서 퇴직금지급규정을 바꾸게 되면 회장은 현재보다 퇴직금을 7,500만 원 더 받을 수 있다. 특히 퇴직 전 5개월간 받은 월급이 많으면 회장의 퇴직금은 더 늘어난다. 상임이사의 경우는 단기성과급을 많이 받았다면 퇴직금이 깎일 수 있다. 예컨대 단기성과급이 연봉보다 2배 이상 많으면 이번 개정으로 퇴직금은 줄어든다. 개정 전에는 기준연봉과 1년간 받은 단기성과급의 1개월치에 근속연수를 곱해 퇴직금을 받았기 때문이다. KT는 규정 변경 이유에 대해 "장기성과 중심의 경영진 보상원칙과 정렬성을 유지하고 일반임원이 단기성과에 집중하려는 부작용을 최소화하기 위해서"라고 설명했다. 다만 처음부터 단기성과급이 퇴직금에 반영되지 않았던 회장의 퇴직금을 높인 것에 대해서는 논란의 여지가 남아있다. 특히 이번 주총에서는 이사의 보수한도를 45억 원에서 65억 원으로 늘리는 방안까지 포함돼 있어 경영진의 보수를 늘리려는 의도가 있는 것이 아니냐는 지적이다. KT 관계자는 "보수한도를 늘린 것은 합병에 따라 기업규모가 커졌고 경영성과가 증대됐기 때문"이라고 설명했다. 이어 "그동안 임원들의 퇴직금이 단기성과급에 연동됨에 따라 변동폭이 컸다"며 "이를 완화하기 위해 지급규정을 변경했다"고 덧붙였다.

머니투데이 2010.02.18 기사인용

대기업 퇴직금 지급 예시

예시 K그룹

2010년 2월 K그룹은 주주총회를 열어 임원의 퇴직금지급규정을 변경했다.

회장	퇴직일 이전 5개월간 지급된 기준연봉총액 × 근속연수
상임이사	퇴직일 이전 3개월간 지급된 기준연봉총액 × 근속연수
집행임원	퇴직일 이전 2.5개월간 지급된 기준연봉총액 × 근속연수

연봉 3억 원인 회장이 3년간 근무 후 퇴직하게 되면 1년에 5개월분의 퇴직금×3년=15개월분의 퇴직금을 지급받게 되는 것이며, 3.75억 원의 퇴직금이 발생하게 된다.

예시 C그룹

C그룹은 다음과 같이 임원의 퇴직금을 지급하고 있다.

회장, 부회장, 사장, 총괄부사장	(기본연봉/13) × 4배수
부사장, 부사장대우	(기본연봉/13) × 3배수
상무, 상무대우	(기본연봉/13) × 2.5배수

연봉 5억 원인 사장이 3년간 근무 후 퇴직하게 되면 (5억 원/13)×4배수×3년=4.61억 원의 퇴직금이 발생하게 되는 것이다.

임원은 퇴직금의 가중치 적용이 왜 가능한가?

KT 주주총회에서 밝힌 KT 회장의 인터뷰는 많은 내용을 함축하고 있다.

"임원은 직원과 다르게 성과가 안 나오는 그날로 바로 짤린다. 그러니 퇴직금으로 보상할 테니 딴 생각하지 말고 열심히 일하라는 뜻이다. KT 농구팀이 2008년 12승 42패로 꼴지를 했지만 지난 해에는 40승 12패로 2위를 했다. 이들 팀에서 바뀐 것은 감독밖에 없다."

KT 회장의 말처럼 임원은 신분보장이 안 되며 경영성과에 직접적 책임을 져야 한다. 따라서 이에 걸맞는 대우를 주주가 해줄 수 있도록 한 것이다.

스티브잡스는 글로벌 기업 '애플'의 창업주이다. 그러나 모두가 아는 것처럼 스티브잡스는 자신이 창업한 회사로부터 해고된다. 그리고 수년간을 절치부심한 끝에 다시 애플로 복귀한다. 스티브잡스의 귀환으로 애플은 엄청나게 성장했다. iPod, iPhone, iPad 등을 출시하며 전 세계 스마트폰, 테블릿 PC 시장을 주도하면서 애플을 세계적 기업으로 이끌었다. 스티브잡스가 건강상의 이유로 병가를 냈을 때 애플의 주식은 급락했고, 마침내 CEO 자리를 내려놓던 날 경쟁사들의 주가는 일제히 솟구쳤다. 그만큼 엄청난 영향력을 미친 인물이었다. 사람들은 스티브잡스 없는 애플은 생각지도 못한다고 한다. 중소기업도 이와 마찬가지다. 중소기업은 임원의 업무 비중과 영향력이 절대적이다. 자금의 조달, 영업, 생산에 이르기까지 임원의 영향력은 절대적이다. 임원의 부재가 곧 기업의 생존과 직결되는 것도 그러한 이유 때문이다. 많은 권한과 동시에 무한 책임을 감당하는 자리이다. 그렇기 때문에 임원에 대한 보상과 대우도 뒤따라야 하는 것이다.

퇴직금 가중치 논란

우리나라도 미국의 스티브잡스처럼 연봉은 1달러를 주면서 퇴직금으로 1억 달러를 줄 수 있을까? 미국에서는 얼마든지 가능한 일이다. 금융위기로 파산한 AIG 임원도 엄청난 금액의 퇴직금을 받았다. 물론 대한민국의 상법과 법인세법에서도 법리적으로는 가능하다. 그러나 현실은 그렇지 않다. 법으로는 되지만 과세관청은 지나친 퇴직금 지급은 부당행위 계산으로 손금산입을 부인하기 때문이다. 즉 안 된다는 것이다. 아직은 완전히 기업 자율에 맡기지 못하는 것이다. 이에 대한 논란이 계속되자 2012년 개정 세법에서는 임원퇴직금 지급의 한도액을 규정하는 내용을 추가하였다. 따라서 향후에는 퇴직금의 가중치로 인한 논란은 많이 줄어들 것으로 보인다. 국세청은 과다한 퇴직금 지급은 부당행위 계산 부인 규정을 적용하여 손금불산입 처리하고 있다. 사회적 논란이 가장 큰 이 가중치 적용에 대해서 충분히 검토할 필요가 있다. 이를 두 가지 경우로 나누어 보겠다.

주주의 통제와 견제가 실질적으로 가능한 경우

임원의 보수와 퇴직금을 주주의 통제를 받도록 한 이유는 위에서 자세히 언급했다. 따라서 주주의 통제와 견제가 실질적으로 가능한 중견기업, 대기업, 코스피 및 코스닥 상장 기업은 주주총회를 통해 임원의 보수와 퇴직금에 관한 한도액을 충분히 자율적으로 정할 수 있다. 그러나 임원의 퇴직금을 주주총회에서 자율적으로 책정할 수 있도록 한 결과 고액의 퇴직금 지급이 계속되고 이를 통한 탈세가 이어지자, 기획재정부는 2012년 개정 세법에서 임원의 퇴직금 지급에 관한 한도액을 설정하였다. 2012년 개정 세법에 따르면 퇴직급여 한도액을 3년 평균의 급여액의 3/10 수준으로 제한을 하고 있어서 고액의 퇴직금 지급은 현격하게 줄어들 것으로 보인다. 그러나 2011년 12월 31일까지의 퇴직소득에 대하여는 기존규정을 인정하고 있다.

TIP 3. **2012년 이후 정관 변경 시 퇴직금지급규정의 소급가능 여부?**

2012년 이후 퇴직금 규정에 대한 정관을 변경하는 경우 퇴직금지급규정의 소급적용이 가능한지가 문제된다. 그러나 소득세법 변경 안에는 '퇴직한 날부터 소급하여 3년 동안 지급받은 총급여액의 연평균환산액×10%×2012년 1월 1일 이후의 근속연수×지급률'로 명시함으로써, 2012년 전으로의 소급적용이 불가능하며 법인설립 시부터 2011년 12월 31일까지의 퇴직금은 '퇴직 전 1년간 총급여액×10%×근속연수'까지가 된다.

TIP 4. **2012년 개정 소득세법에 따라 정관을 수정변경 하여야 하는지?**

2011년 12월 31일까지 정관을 변경하여 퇴직금의 가중지급규정을 적용한 기업의 경우 다시 주주총회를 통해 정관을 법률 한도액 범위 내에서 규정하여야 한다. 만약 정관을 변경하지 아니하는 경우 퇴직금의 한도액에 관한 분쟁가능성이 있다.

주주의 통제와 견제가 실질적으로 이루어지지 않는 경우

대부분의 중소기업은 "대주주＝임원 또는 특수관계인가족 등"으로 실질적인 통제와 견제가 어렵다. 임원의 의사결정은 곧 주주총회의 의사결정으로 직결된다. 이 경우 과도한 금액을 퇴직금으로 책정하면 과세관청은 탈세의 목적을 가진 것으로 판단할 수 있다. 우리나라 중소기업의 대부분이 이 경우에 해당된다. 과세관청이 과도한 퇴직금에 대해 부당행위 계산 규정을 적용하는 이유는 탈세와 회사의 자본잠식으로 인한 부실화를 막기 위함이다. 충분한 제제근거가 된다고 볼 수 있다. 따라서 이 경우 가중치를 차별적으로 두는 것은 위험할 수 있다. 다만 가중치를 차별적으로 두는 경우에도 그 합리성과 적합성 등이 인정된다면 충분히 가능하다.

적법한 임원퇴직금지급규정이 되려면?

임원퇴직금 규정을 정비할 때, 많은 중소기업이 정관만 바꾸면 모든 것이 해결되는 것으로 오해하는 경우가 많다. 이에 대해 일부 금융기관이나 세무사도 정확한 정보를 주지 못하는 경우도 적지 않다. 정관을 변경했다 하더라도 절차의 정당성에 문제가 있거나 그 효력에 문제가 발생하는 경우도 있기 때문에 이러한 점에 유의하여야 한다. 임원퇴직금지급규정의 가이드라인을 다음과 같이 정리 하였다.

임원퇴직금지급규정의 가이드라인

(1) 임원퇴직급여지급규정을 제정하거나 변경할 때 그 의결내용이 정당하여야 한다. 즉 주주총회 결의절차를 적법하게 이행하여야 한다. 주주총회가 아닌 이사회, 대표이사 의결 등은 효력을 인정받기 어렵다. 다만 다음과 같은 예외적인 경우도 있다.

CASE 5. 가족지급 전례 따라 해직된 전문경영인에게도 퇴직금 지급해야

서울고법 민사 11부(재판장 김ㅇㅇ 부장판사)는 21일 유명 외식업체 ㅇㅇ사의 전문경영인 박씨가 ㅇㅇ회장을 상대로 낸 소송에서 "가족 회사인 ㅇㅇ회사가 회장

위 사례는 가족들과 차별적으로 집행된 규정을 무효화하지 않고 그 근거를 들어 전문경영인에게 퇴직금을 지급하라고 판단한 사례이다. 이 사례에서 보듯 위 규정은 원칙적으로 문제가 있지만 무효화할 경우 전문경영인을 구제할 수 없으므로 약자 보호 차원에서 원고 승소 판결한 것으로 보인다.

(2) 특정 임원특정 개인에게만 적용하기 위한 퇴직급여지급규정의 제정 또는 변경이 아니어야 한다. 다만 직급과 직위 기타 제반 사정 등을 고려하여 차등을 두는 것은 인정된다.

CASE 6. 기타 임원보다 회장에게 많은 퇴직금을 지급한 행위가 부당행위에 해당하는지 여부

법인을 설립한 창업자이자 대표이사이며, 퇴직금을 중간정산할 당시까지 창업한 후 25년 가까이 근속하며 자본금 5천만 원의 회사를 매출액 861억 원의 기업으로 성장시킨 공로가 있다할 것이므로 처분청이 쟁점퇴직금을 부당행위 계산 부인 규정의 적용대상으로 삼은 것은 잘못이 있다. "회장은 다른 임원보다 2배 높은 지급률로 퇴직금을 수령한 행위에 대한 경제적 합리성 유무의 판단은 제반 사정을 구체적으로 고려하여 그 행위가 건전한 사회통념이나 상관행에 비추어 경제적 합리성이 존재하는지 여부에 따라 판단하여야 할 것인바, 해당 회장은 자본금 5천만 원의 법인을 매출액 861억 원으로 성장시킨 객관적 공로를 인정하여 기타 임원에

비하여 2배 이상 높은 퇴직금 지급률을 적용한 것은 상관행상 일반적이며 경제적 합리성이 있는 행위에 해당한다. 대부분의 기업이 임원의 공헌도, 직위, 근속연수, 업무의 중요도 및 책임의 경중 등에 따라 퇴직금 지급배율에 차등을 두고 있는 것이 일반적인 상관행이고, 이와 같이 임원의 직위와 근속연수 등에 따라 차등하여 적용하는 것을 부당하다고 볼 수 없으며, 이 건과 관련하여 주변 기업들의 임원퇴직금 지급률에 관한 자료를 수집 분석한 결과, 비교대상 기업들 대부분이 임원의 직위, 기여도 등을 고려하여 퇴직금 지급률에 차등을 두고 있고, 법인 설립자인 회장/대표이사 및 중요 임원의 경우 기타 임원에 비하여 상대적으로 퇴직금 지급률을 높게 산정하여 회사에의 공헌에 대한 적절한 보상을 실시하고 있음을 알 수가 있는바, 이러한 취지의 선결정례(조심 2009서3313, 2010.4.22)를 보아도 쟁점퇴직금의 지급은 부당행위계산 부인대상에 해당하지 아니하므로 손금불산입한 처분은 취소하여야 한다."

조심 2010부2005(2010.12.21)

조세심판원은 "퇴직금지급규정이 특정인원에 국한되고 다른 임원에게 일반적으로 적용되지 않을 경우에는 정당한 것으로 볼 수 없다"고 심판 결정했다.

조심 2008서3862

(3) 계속 반복적으로 적용되어야 한다. 수시로 변경되거나, 개인적으로 퇴직 시마다 변경될 경우 효력을 인정받기 어렵다.

(4) 구체적인 퇴직금 계산방법이 기재되어야 한다. 구체적인 퇴직금 계산방법이란 누가 보아도 구체적으로 퇴직금을 산출할 수 있을 정도로의 구체성을 뜻한다.

(5) 모든 임원에 대해서 적용되어야 한다. 모든 임원에서 등기·비등기 여부는 불문한다. 사실관계 판단에 따라 임원일 경우를 뜻한다.

국세청은 주주임원과 비주주임원이 근무 중인 한 회사가 주주인 임원에게만 근속
기간에 따라 지급배율을 차등 적용하도록 규정된 퇴직급여지급규정을 정관에서
위임된 것으로 볼 수 있느냐는 질의에 대해 "법인의 퇴직급여지급규정이 불특정
다수를 대상으로 지급배율을 정하지 않고 개인별로 지급배율을 정하는 경우에는
정관에서 위임된 퇴직급여지급규정으로 볼 수 없는 것"이란 유권해석을 내렸다.
국세청은 또 "특수 관계자인 특수 임원에게만 정당한 이유 없이 지급배율을 차별
적으로 높게 정하는 경우에는 '부당행위 계산 부인 규정'이 적용된다고 덧붙였다.

법인-510 2009.5.4

임원의 범위

임원의 범위는 다음과 같다. 임원은 출자임원, 비출자임원 및 상
장법인의 소액주주인 임원을 모두 포함한다.

■ 법인세법 시행령 제20조의 4, 소득세법 시행령 제42조의 2(2012년 1월 신설)

1. 법인의 회장, 사장, 부사장, 이사장, 대표이사, 전무이사, 상무이사 등 이사회의
   구성원 전원과 청산인
2. 합명회사, 합자회사 및 유한회사의 업무집행사원 또는 이사
3. 유한책임회사의 업무집행자
4. 감사
5. 그밖에 가목부터 다목까지의 규정에 준하는 직무에 종사하는 자

임원퇴직금지급규정의 판단기준

임원퇴직금지급규정의 판단기준은 다음의 기준으로 개별적으로 사실 판단해야 한다.

(1) 실질적인 경영종사가 이루어질 것

임원은 실질적으로 경영에 종사해야 한다. 따라서 명목상의 임원을 등재한 경우, 급여 등이 발생하지 않는 등기이사 등은 실질적인 경영종사가 있다고 보기 어렵다.

> 법인이 사실상 근무하지 아니하는 명목상의 임원을 등재하고 당해 임원에 대한 급여 등을 인건비로 계상하는 경우에는 가공경비에 해당하여 손금부인하고 그 귀속자에 따라 소득처분하여야 한다. 예를 들어, 대표이사 가족에 대한 급여지급액으로서 근로제공이나 경영참여에 대한 객관적인 증빙이 없다면 손금불산입하고, 상여처분한다.
>
> 심사법인 2003-91, 2004.7.26
>
> 대표이사 등의 친인척이 동일 회사에서 임직원으로 근무하는 경우 동 법인은 '개인유사법인'으로 분류될 가능성이 높고, 동 임직원에 대해서 실질적으로 업무에 종사하고 있는 자에 대한 소명을 요구하는 경우가 있다. 이때에는 회사의 조직도, 업무분장표, 출근부, 기안 또는 결제와 같은 실제 업무내용 등에 대한 증빙자료로서 소명하여야 한다.

(2) 과다경비가 아닐 것

법인이 지배주주인 임원 또는 사용인에게 정당한 사유 없이 동일 직위에 있는 지배주주, 임원 또는 사용인에게 지급하는 금액을 초과하여 보수를 지급한 경우 그 초과금액은 손금에 산입하지 아니한다.

(3) 부당행위 계산 부인 규정에 적용되지 않을 것

주주임원에 대한 보수는 당해 임원이 현실적으로 기업에 종사하였는지 여부에 따라 정관의 규정이나 주주총회 등의 의결에 의하여 정하여진 보수로서 지급할 수 있는 한도액까지를 말하는 것이나, 단순히 특정 임원의 개인사정을 고려하여 직책이나 임무의 중요성에 관계 없이 인상 지급한 보수는 정당한 임원보수로 볼 수 없어 부당행위에 해당하게 된다.

법인 22601-921, 1985.3.2

위에 열거한 주의사항 외에 임원의 퇴직연금규정을 만들 때에는 회사의 자금흐름이나, 매출 및 이익 규모에 따라 적절한 수준으로 시행해야 하며, 중간정산이나 중간업무 처리 시 적법한 절차에 의하지 않으면 불이익을 당할 수 있으므로, 반드시 세법과 기업회계에 정통한 전문가와 진행해야 한다.

임원의 보수와 퇴직금은 주주가 정한다

상법은 사적 자치를 그 근간으로 하고 있다. 기업경영은 자유롭게 되어야 하며 법의 간섭은 최소화되어야 한다. 임원은 의사결정, 정책수립, 영업 등 경험과 능력에 따라 기업의 성패에 큰 영향을 미치는 매우 중요한 위치에 있다. 그렇기 때문에 주주가 주주총회의 결의를 통해 임원을 통제 및 견제하도록 하는 것이다. 국회가 대통령을 견제하고 통제하는 것과 같은 원리라고 할 수 있다.

TIP 5.   임원의 퇴직연금 규약준수 여부?(행정해석)

▶ 질의: 퇴직연금에 가입한 임원이 퇴직연금 규약을 준수하여야 하는지?(퇴직연금제도의 임의 탈퇴 후 퇴직급여 수령, 확정급여형에 있어 적립금 수준을 법적 수준 이하로 적립)

▶ 답변: 「근로자퇴직급여보장법」 제2조 제1호에 따라 「근로기준법」상 근로자가 아닌 임원에 대해서는 법 제4조의 퇴직급여제도의 설정의무가 없다. 따라서 근로자가 아닌 임원을 해당 사업장의 퇴직연금제도에 포함시키는 것은 해당 사업장의 자율사항으로 사료된다. 다만, 법 제12조 및 제13조의 규정에 의하여 퇴직연금 규약에 근로자가 아닌 임원을 당해 퇴직연금의 가입자로 한다는 것을 명시하여 가입대상에 포함시킨 경우에는 규약의 제반 규정을 준수하여야 할 것이므로 임원이라 할지라도 퇴직연금제도의 임의 탈퇴 후 퇴직급여 수령(중간정산), 확정급여형에 있어 적립금의 수준을 법적 수준 이하로 적립하는 것은 타당하지 않다고 판단된다.

임원의 퇴직금지급규정 만들기

임원의 퇴직금 지급에 관한 근거 규정은 근로자와는 다르다. 근로자는 근로자퇴직급여보장법에 의해 법으로 퇴직금이 보장된다. 반면 임원은 상법에서 정관 또는 위임 규정에 정하도록 하고 있다. 표준정관에서는 '임원의 보수와 퇴직한 임원의 퇴직금은 주주총회의 결의로 정한다'고 규정하고 있다. 그러나 대부분의 중소기업은 주주총회를 열어본 적도 없거니와, 명문의 규정을 가지고 있지도 않다. 정관은 기업의 헌법이라고 할 수 있을 만큼 중요한 것임에도 불구하고 무관심하거나 그 중요성을 인식하지 못하고 있는 것이 현실이다. 이렇게 명문의 규정을 두지 않은 상황에서 임원의 유고 사태가 발생하면 법률 및 세무적 분쟁이 발생할 가능성이 증가하게 되며 기업에 절대적으로 불리하게 작용한다.

그렇다면 명문의 규정을 가지고 있지 않은 경우에도 퇴직금의 지급이 가능할까? 결론부터 말하면 지급할 수 있다. 물론 지급하지 않을 수도 있다. 이는 주주총회에서 의결할 사항이다. 법인세법 시행령 제44조 제4항 제2호에 정관에 정해있지 않은 경우 임원의 퇴직금 한도액은 퇴직 전 1년간의 총급여액×10%×근속연수이다.

임원의 퇴직금 한도액=퇴직 전 1년간의 총급여액×10%×근속연수

1억 2,000만 원의 연봉을 받는 임원이 20년 재직 후 퇴직을 할 경우 1.2억 원×10%×20년＝2.4억 원의 퇴직금 한도액이 산출되고, 2.4억 원 범위 내에서 지급 결의한 퇴직금은 전액 퇴직소득으로 처리할 수 있다. 그런데 1.2억 원의 연봉을 받고 20년간 회사를 키워온 임원이 2.4억 원을 받고 퇴직금에 만족할 수 있을까? 만약 회사에서 10억 원을 지급 결의해서 7.6억 원을 퇴직위로금으로 추가지급한다면 이는 모두 퇴직금 한도액을 넘은 금액으로 상여로 처리된다. 7.6억 원 상여에 대한 종합소득세는 약 2.78억 원이나 된다.

임원의 퇴직금지급규정 작성

임원의 퇴직금지급규정이 법률 및 세무적으로 적법하게 작성되고 지급되기 위해서는 충분한 검토와 사전 준비가 반드시 이루어져야 한다. 이를 무시하고 진행하여 문제가 발생하는 경우가 많다. 가중치 적용, 주주 구성원 확인, 정관 및 지급 규정 확인, 회사자금 파악, 가지급금 보유 여부 확인 등 세부적으로 검토할 내용이 많으므로 반드시 전문가와 협의해야 한다. 상담 후 해결방안이 만들어지면 임원의 퇴직금지급규정을 작성한다.

▾ Action Plan

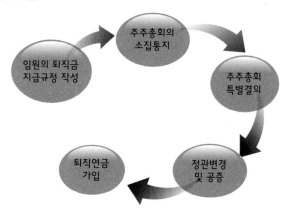

▼ 임원의 퇴직금지급규정 - 정관

현행	개정안
제32조(보수와 퇴직금) 임원의 보수 또는 퇴직한 임원의 퇴직금은 주주총회 결의로 정한다.	제32조(보수와 퇴직금) 1. 임원의 보수 또는 퇴직한 임원의 퇴직금은 주주총회 결의로 정한다. 2. 임원의 퇴직금 지급은 주주총회의 결의를 거친 별도의 임원의 퇴직금지급규정에 의한다.

▼ 기존 정관에 규정이 있는 경우

_____ 주식회사 임원의 퇴직금지급규정

제1조(목적)

본 규정은 임원의 퇴직금 지급에 관한 규정함을 목적으로 한다.

제2조(적용범위)

1. 본 규정은 이사 이상의 임원에 대하여 적용한다.

2. 임원에 준하는 대우를 받더라도 별도의 근로계약에 의하여 근무하는 자는 그 별도의 계약에 의한다.

제3조 (퇴직금의 산정)

1. 임원의 퇴직금 산정은 다음과 같이 한다.

  1) 법인설립일부터 ~ 2011년 12월 31일 퇴직소득 발생분까지: 기존규정

  2) 2012년 1월 1일 퇴직소득 발생분부터 ~

> 퇴직한 날부터 소급하여 3년 동안 지급받은 총급여액의 연평균환산액×10%× 2012년 1월 1일 이후의 근속연수×지급률

※ 근무기간이 3년 미만인 경우에는 개월 수로 계산한 해당 근무기간을 말하며, 1개월 미만의 기간이 있는 경우에는 이를 1개월로 본다.

※ 1년 미만의 기간은 개월 수로 계산하며, 1개월 미만의 기간이 있는 경우에는 이를 1개월로 본다.

2. 임원에 대한 지급률은 다음과 같이 한다.

　　1) 법인설립일부터 ～ 2011년 12월 31일 퇴직소득 발생분까지: 기존규정

　　2) 2012년 1월 1일 퇴직소득 발생분부터 ～

직위	지급기준	지급률	비고사항
대표이사, 회장	재임기간 1년	3배	
전무, 부사장	재임기간 1년	2.5배	예시
상무, 감사	재임기간 1년	2배	
기타 임원	재임기간 1년	1.5배	

※ 지급률은 3배수 이내에서 주주총회에서 자율결정사항이다.

제4조(기간의 산정 등)

1. 재임기간은 선임일자로부터 실제 근무종료일까지로 한다.

2. 1년 미만의 기간은 월할 계산하고, 1개월 미만의 기간은 1개월로 계산한다.

3. 재임기간이 1년 미만이면 퇴직금을 지급하지 아니한다.

4. 단, 1년 미만이라도 주주총회의 특별 결의로 퇴직금을 지급할 수 있다.

제5조(승진임원의 계산)

임원이 승진하였을 경우에는 승진 후 직위를 적용하여 지급률을 결정한다. 단, 명예승진의 경우에는 위 규정을 적용하지 아니한다.

제6조(퇴직금의 한도액)

당사 재직임원의 퇴직금 한도액은 ○○억 원으로 한다.

제7조(퇴직연금의 가입)

임원의 퇴직금 지급을 위하여 퇴직연금에 가입한다.

부칙

제1조(시행일)

본 규정은 2014년 ○○월 ○○일부터 시행한다.

▼ 기존 정관에 규정이 없는 경우

_____ 주식회사 임원의 퇴직금지급규정

제1조(목적)

본 규정은 임원의 퇴직금 지급에 관한 규정함을 목적으로 한다.

제2조(적용범위)

1. 본 규정은 이사 이상의 임원에 대하여 적용한다.

2. 임원에 준하는 대우를 받더라도 별도의 근로계약에 의하여 근무하는 자는 그 별도의 계약에 의한다.

제3조(퇴직금의 산정)

1. 임원의 퇴직금 산정은 다음과 같이 한다.

  1) 법인설립일부터 ~ 2011년 12월 31일 퇴직소득 발생분까지

   : 퇴직 전 1년간의 총급여액×10%×근속연수

  2) 2012년 1월 1일 퇴직소득 발생분부터 ~

퇴직한 날부터 소급하여 3년 동안 지급받은 총급여액의 연평균환산액×10%× 2012년 1월 1일 이후의 근속연수×지급률

※ 근무기간이 3년 미만인 경우에는 개월 수로 계산한 해당 근무기간을 말하며, 1개월 미만 의 기간이 있는 경우에는 이를 1개월로 본다.

※ 1년 미만의 기간은 개월 수로 계산하며, 1개월 미만의 기간이 있는 경우에는 이를 1개월 로 본다.

2. 임원에 대한 지급률은 다음과 같이 한다.

  1) 법인설립일부터 ~ 2011년 12월 31일 퇴직소득 발생분까지: 1배수

  2) 2012년 1월 1일 퇴직소득 발생분부터 ~

직위	지급기준	지급률	비고사항
대표이사, 회장	재임기간 1년	3배	
전무, 부사장	재임기간 1년	2.5배	예시
상무, 감사	재임기간 1년	2배	
기타 임원	재임기간 1년	1.5배	

※ 지급률은 3배수 이내에서 주주총회에서 자율 결정 사항이다.

제4조(기간의 산정 등)

1. 재임기간은 선임일자로부터 실제 근무종료일까지로 한다.

2. 1년 미만의 기간은 월할 계산하고, 1개월 미만의 기간은 1개월로 계산한다.

3. 재임기간이 1년 미만이면 퇴직금을 지급하지 아니한다.

4. 단, 1년 미만이라도 주주총회의 특별 결의로 퇴직금을 지급할 수 있다.

제5조(승진임원의 계산)

임원이 승진하였을 경우에는 승진 후 직위를 적용하여 지급률을 결정한다. 단, 명예승진의 경우에는 위 규정을 적용하지 아니한다.

제6조(퇴직금의 한도액)

당사 재직임원의 퇴직금 한도액은 ○○억 원으로 한다.

제7조(퇴직연금의 가입)

임원의 퇴직금 지급을 위하여 퇴직연금에 가입한다.

부칙

제1조(시행일)

본 규정은 2014년 ○○월 ○○일부터 시행한다.

주주총회의 소집통지

주주총회 소집통지는 주주총회 2주일 전 전자메일 또는 내용증명으로 발송하면 된다. 소집통지 시 반드시 소집목적에 정관변경에 관한 사유를 기록함이 필요하다. 주주총회 소집이 곤란한 기업의 경우 2011년 8월부터 도입된 전자주주총회도 고려해 볼 만하다.

임시주주총회 소집통지

다음과 같이 주식회사 ○○○○임시주주총회를 개최하오니 참석하시어 안건을 의결하여 주시기 바랍니다.

- 일시: 2014년 월 일
- 장소: 본사 대회의실(서울시 중구)
- 목적: 1. 정관변경
  2. 임원의 퇴직금지급규정 변경의 건

2014년 1월 1일

대표이사 인

이사 인

주주총회 특별결의

주주총회는 주식의 과반수 출석과 과반수 이상의 찬성으로 의결된다. 의결 후 그 의결내용을 작성한다.

임시주주총회의사록

주식회사 ○○○○

위 회사는 서기 2014. 1. 1. 10시 00분 본점 회의실에서 주총회를 개최하다.

- 출석 주주수 4명, 총 주주의 수 4명
- 출석 주주의 주식 수 47,800주, 주주식의 총수 47,800주

대표이사 ○○○는 정관규정에 따라 이 회의 진행을 위하여 의장석에 등단하여 위와 같이 법정수에 달하는 주식수를 보유한 주주가 출석하였으므로 본 총회가

적법하게 성립되었음을 알리고 개회를 선언한 후 다음 의안을 부의하고 심의를 구하다.

제1호 의안: 정관일부 변경의 건

정관 제32조를 다음과 같이 변경한다.

제○○조(임원의 보수와 퇴직금)

1. 임원의 보수 또는 퇴직한 임원의 퇴직금은 주주총회 결의로 정한다.
2. 임원의 퇴직금 지급은 주주총회의 결의를 거친 별도의 임원의 퇴직금지급규정에 의한다.

의장으로부터 정관일부 변경에 대하여 정관 제32조 임원의 보수와 퇴직금 규정에 관한 지급 규정 마련의 필요성 등의 설명을 마치고 의장에 자문하니 주주들이 이의 없이 이를 승인가결하다.

이상으로써 의안 전부의 심의를 완료하였기에 의장은 폐회를 선언하다(회의 종료 시간 11시 00분).

위 의사의 경과요령과 결과를 명확히 하기 위하여 이 의사록을 작성하고 의장과 출석한 이사가 기명날인 또는 서명하다.

2014. ○○. ○○.

주식회사 ○○○
대표이사 ○○○
이사 ○○○

정관변경 및 공증

임원의 퇴직금과 관련된 내용은 정관의 임의적 기재사항이며, 정관변경 후에는 공증을 받는 것이 일반적인 절차이다. 공증을 받으면 그 증서가 법적 효력을 갖는 것으로 잘못 이해하는 경우가 있다. 즉 적법성을 공증을 통해 확인하려 한다. 그러나 공증은 특정한 사실 또는 법률관계의 존재를 공적으로 증명하는 행정행위일 뿐, 법률적 사실판단을 통해 다툴 수 있음을 인지해야 한다. 최근 세법의 개정으로 인해 2011년까지와 2012년은 많은 변화가 있었다. 개정 세법에서 2011년까지는 기존의 규정을 인정하고 있으므로 정관변경을 미뤘던 기업의 변경절차가 많았다. 그러나 때를 놓친 중소기업이 2012년에 정관을 변경하고 2011년에 정관변경을 했다고 주장할 경우 이를 증빙할 책임이 있으며 입증하지 못할 경우 여러 법적 분쟁이 발생할 가능성이 많다. 따라서 주주총회를 통해 정관을 변경하는 경우에는 각종 법률소송을 대비하여 공증을 하는 것이 바람직할 것으로 생각된다. 공증을 통해 적어도 2011년에 정관을 변경했다는 공적인 입증을 할 수 있기 때문이다.

■ 정관변경 구비서류

1. 임시주주총회를 통한 임시주주총회의사록 3부
2. 공증위임장(2/3 이상 주주의 인감증명 첨부 및 인감날인)
3. 변경 전·후 정관 각 1부
4. 등기위임장(법인인감날인)
5. 주주명부(법인인감날인)
6. 진술서(법인인감날인)
7. 법인등기부등록 1부

퇴직연금 가입

퇴직연금 가입 시 규약에 임원의 퇴직연금 가입에 관한 내용을 반드시 기재하고 노동부에 신고하는 것이 좋다.

확정기여형DC 퇴직연금 가입 시 소급적용 가능한가?

임원이 퇴직연금을 가입할 경우 소급적용이 가능하다. 문제는 확정기여형 퇴직연금을 도입하게 되면 논리적으로 충돌이 일어난다는 생각이 들기 때문이다. 확정기여형 퇴직연금은 매년 연간임금총액의 1/12 이상을 지급하는 제도로 매년 임금의 변화에 따라 퇴직금의 적립금이 변하게 되는 제도이다. 이 제도를 도입하게 되면 1년차 100만원, 2년차 105만 원, 3년차 110만 원을 지급받고 퇴직하는 경우 근로자의 퇴직금은 100+105+110＝315만 원이 된다. 그런데 임원이 정관에 {퇴직 시 1년간의 총급여액×근속연수}로 하고 3년분을 소급적용하게 되면 110만 원×3년＝330만 원이라는 문제가 발생한다. 즉 확정기여형을 도입하면서 확정급여형 형태의 퇴직금 산출이 되기 때문에 논리적 충돌이 발생하게 되는 것처럼 보인다. 이러한 문제에 대해 국세청은 다음과 같은 유권해석을 내렸다. 임원이 퇴직하기 전에 퇴직금 규정을 개정하고 이를 소급적용한 경우 모두 소급적용 가능하며 확정기여형에 납입한 금액 전액을 인정하겠다는 것이다. 임원 퇴직금지급규정이 {퇴직 전 임금총액의 10%×근속연수}로 규정하고 확정기여형에 가입한 경우 퇴임 전 임금총액을 기준으로 전체를 소급적용할 수 있다는 것이다. 다만, 2012년 개정 세법으로 2012년 이

194

전으로의 소급적용은 불가능하게 되었다.

■ 임원에 대한 확정기여형 퇴직연금 부담금의 손금삽입 한도

임원에 대한 확정기여형 퇴직연금의 부담금은 내국법인이 퇴직 시까지 부담한 부담금의 합계액을 퇴직급여로 보아 법인세법 시행령 제44조 제4항을 적용하는 것이다. 임원이 퇴직하기 전에 규정을 개정한 경우에는 당해 규정의 개정 전까지의 근속기간에 개정된 규정을 적용할 수 있는 것이다.

법인세과-250 2011.4.5

[3. 퇴직연금의 필요성必要性과
CEO PLAN]

임원의 성과보상

은퇴자금사용

모든 임원이 은퇴준비가 잘 되어 있는 것은 아니다. 대부분의 임원은 본인의 퇴직시점을 예상하지 않고 일한다. 활동기에는 높은 수입과 사회적 존경을 한 몸에 받고 법인카드로 자유롭게 생활하지만 어느 날 갑작스런 퇴직을 맞이하면 임원은 일반 근로자보다 훨씬 더 당황해 한다. 할 일이 없다는 것은 두 번째이다. 당장 사용할 자금이 부족해진다. 물론 일반 근로자보다는 훨씬 많은 은퇴자금을 가지고 있지만 본인은 상대적으로 부족함을 크게 느낀다. 임원으로 퇴직하는 분들이 퇴직 후 사회 적응에 더 힘들어하는 이유이다. 가용자금은 줄어드는데 자녀들에게 들어갈 비용은 여전히 많아 부담은 더한다. 작은 월급이라도 고정적으로 받는 일자리를 찾게 되면 그나마 다행이지만 일자리를 찾았다고 하더라도 대부분의 임원 출신은 이전만 못한 액수와 대우를 받아들일 준비가 되어 있지 않다. 그러나 퇴직은 임원이라도 예외가 있을 수 없다. 충분하고 확실하게 준비하지 않으면 노후는 어려워 질 수 있다. 저자가 만나본 퇴직자들 중 한 분은 3년 전 대기업 임원으로 퇴직했다. 재직 시 법인카드 한도액수를 모르셨다고 한다. 소득도 일반 근로자보다 훨씬 많았을 것이다. 충분히 자유롭게 쓸 수 있는 위치였다. 그럼에도 불구하고 알 수 없는 노후를 위해 근검절약해서 은퇴 후를 준비했다고 한다. 재직 시 원만한 인간관계로 따르는 후배가 많아 지금은 후배가 설립한 법인의 공동대표로 일하고 계신다. 재직 시 모아놓은 은퇴자금과 현재 일하면서 받는 급여로 안정되고 즐거운 노후를 보내고 계신다. 건강한 몸으로 전 세계를 두루 여행하고 선·후배나 친구들의 애·경사에도 늘 참여한다. 그래서 그분은 늘 당당해 보인다. 가장으로서, 부모로서, 한 인간으로서 참 부럽다. 지나면 지날수록 노후가 더 멋진 이상적인 모습이다. 반면 그분과 같은 대기업에서 임원으로 함께 근무했던 동료는 정반대의 상황이다. 그분보다 더 높은 임원직까지 역임했지만 재직 중에 충분히 노후준비를 하지 않았고, 후배들과의 인간관계도 좋지 않아 전무이사로 퇴직 후 지금은 경제적, 심리적으로 힘겨운 생활을 하고 있다는 것이다. 퇴직 후, 은퇴자금은 부족한데 불러주는 곳은 없고 자녀들은 한참 돈이 많이 들어갈 성장기에 있기 때문이다. 다가올 노후를 대비해야 한다. 그것이 노년의 삶의 행복을 위한 필수 조건이기 때문이다.

가업승계 및 증여·상속 시 세금의 재원마련

최근에는 대를 이어 핵심기술을 전수받아 100년이 넘게 장수하는 '강소기업'의 육성을 목적으로 파격적인 세무 혜택을 주는 가업승계가 한참 진행 중이다. 전 금융권에서 별도의 가업승계를 위한 컨설팅팀을 운영할 정도로 그 수요는 폭발적이다. 가업승계 컨설팅에 대한 기업의 호응도 매우 높다. 가업승계 또는 증여상속을 위해 가장 먼저 검토할 것은 역시 '세금' 문제이다. 세금과 관련된 준비가 부족해 큰 낭패를 보는 경우가 무수히 많기 때문이다. 세계적인 손톱깎이 회사인 '쓰리세븐777'은 갑작스런 대표의 사망으로 인해 상속세 납부가 어려워져 회사를 팔아야 했다. 중소기업의 창업주들 중에 미리부터 퇴직을 염두하고 회사를 경영하는 경우는 극히 드물다. 특히 증여·상속을 말씀드리면 기분 나쁘다며 화내시는 분들도 계신다. 죽음에 대한 막연한 불쾌감이 드러나는 것이다. 그러나 단순히 기분 나쁜 것 때문에 증여·상속을 준비하지 않는다면 정말로 불쾌한 상황이 발생하게 된다. 전문가들은 증여·상속은 적어도 10년의 시간을 두고 준비하라고 권장한다. 이때 가장 중요한 것이 세금 납부를 위한 현금의 준비이다. 이때 세금의 재원으로 사용될 수 있는 것 중 하나가 바로 퇴직금이다. 아울러 종신보험을 통해 현금을 준비하는 것도 아주 좋은 방법이 될 수 있다.

사업자금 재투자

퇴직연금 가입 시 많은 임원들이 걱정하는 것은 자금이 묶일 수 있다는 것이다. 물론 자금은 묶인다. 아니, 묶여야 한다. 묶어놓기 위해 퇴직연금이란 제도가 탄생되었기 때문이다. 퇴직연금은 흔한 말로 '낙장불입落張不入'이다. 회사에서 한 번 나간 자금은 임의로 회사에서 사용하거나 대출의 담보 등으로 사용될 수 없다. 그렇기 때문에 자금이 부족한 중소기업은 필요성을 공감하면서도 실제로 가입은 미루고 있다. 이 같은 상황을 해결할 수 있는 몇 가지 방법이 있다. 먼저 퇴직금을 충분히 모았다가 급하게 자금이 필요한 경우에는 현실적인 퇴직으로 처리하고 퇴직금을 수령한 후 사업자금으로 재투자할 수 있다. 또한 대부분 퇴직금이 적립되어 있으면 신용대출 등을 통해 자금을 융통할 수 있으며 기업대출 시에도 임금채권부분이 차감됨에 따라 대출한도가 증가하는 효과도 있으므로 긴급한 사업자금 때문에 가입을 미룰 필요는 없다. 최악의 경우, 폐업할 것을 가정하더라도 퇴직금의 준비는 더더욱 필요한 것이다.

　많은 회사를 방문하다보니 자금을 담당하는 경리나 인사부 직원들의 애로사항도 많이 듣게 된다. 그 중 가장 큰 애로사항은 대표이사나 임원이 갑자기 거액의 돈을 준비하라고 지시할 때라고 한다. 이럴 때 실무자는 정말 답답해 한다. 대표의 지시를 무시할 수도 없고, 자금을 단기간에 준비할 여력도 충분치 않으니 여간 곤란한 것이 아니다. 당연히 대출을 사용할 수밖에 없고 이렇게 되면 회사의 자금사정은 급격히 나빠진다. 임원의 갑작스런 유고 상황에서도 위와 같은 일은 수시로 일어날 수 있다. 특정 임원의 사고에 대한 보상금을 준비하지 않는 대부분의 기업은 이러한 자금 마련에 큰 어려움을 겪는다. 이렇듯 CEO와 임원의 긴급한 자금 요청과 퇴직에 따른 자금 압박을 줄이는 방법은 체계적으로 퇴직금을 준비하는 것이다.

절세효과

CEO 절세

퇴직소득은 절세효과가 뛰어나다. 일괄공제와 근속연수공제가 크며 연분·연승법을 적용하여 어떠한 세금보다 저렴한 세금으로 퇴직소득을 수령할 수 있는 장점이 있다. 그러나 이러한 퇴직소득세에 큰 변화가 있었다. 고소득자의 거액 퇴직금 지급이 줄을 잇자 세제 형태를 완전히 바꾸었기 때문이다. 2013년 개정 세법에 따르면 고소득 퇴직자의 세금은 종전대비 2배 이상 늘어나게 된다. 이번 세법 개편안은 조세 형평의 목적에 적합할 수는 있으나, 노후소득의 보장과 증가라는 입장에서 본다면 부적절할 수 있다. 그럼에도 불구하고 퇴직소득은 그 어떤 소득보다 낮은 세금으로 노후를 준비할 수 있는 방법임을 잊지 말아야 한다. 따라서 노후를 대비하는 CEO라면 퇴직금을 충실히 준비할 필요가 있다.

법인세 절세

임원만 절세효과가 있는 것이 아니라 법인에게도 절세효과가 뛰어나다. 법인은 임원에게 지급한 퇴직금 전액에 대해 비용으로 인식하여 손금산입하게 된다. 따라서 10억 원을 퇴직연금에 가입하면과표 22% 해당 시 **2.42억 원의**법인세 22% + 지방소득세 2.2%의 절세가 가능하다.

증여·상속 시 자산가치 및 손익가치 하락에 따른 절세

임원에게 지급하는 퇴직금이 증가함에 따라 회사의 부채는 증가하게 되고 회사의 순자산가치는 하락하게 된다. 또한 퇴직부채를 퇴직연금으로 납입함으로써 현금유출이 발생하므로 비용이 증가하여 순손익가치도 하락하게 된다. 따라서 비상장주식의 평가액이 낮아지게 되고, 이 시점을 증여·상속시점으로 할 경우 상당한 절세가 가능하다.

▼ **임원퇴직금을 통한 주식가치**

▼ C회사(비상장법인) 주식평가액은 10만 원, 사장은 아들에게 1만 주 증여

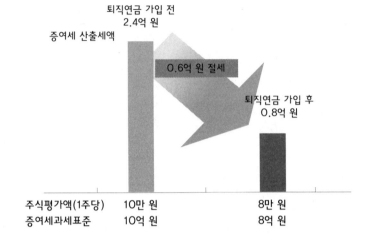

| 주식평가액(1주당) | 10만 원 | 8만 원 |
| 증여세과세표준 | 10억 원 | 8억 원 |

퇴직연금 압류·가압류·상계 가능할까?

　퇴직연금에 가입한 회사가 어려워져 파산 또는 도산하게 되면 어떻게 될까? 이때 연대보증을 서는 CEO나 임원의 퇴직금은 어떻게 될까? 대부분의 재산은 압류, 가압류될 것이다. 사업실패로 인한 어려움을 한 번이라도 겪어 본 사람이라면 더 이상 말할 필요가 없다. 계속되는 부채상환 독촉과 신용불량, 가족의 생계까지 위협하는 상황 앞에서 철저히 무너지게 된다. 버스비도 없어 걸어가야 하는 상황까지 갈 수 있는 것이 바로 사업실패이다. 이러한 극한적 상황을 막기 위해 우리나라 민사집행법은 제246조에서 압류금지채권을 열거하고 있다. 퇴직연금, 급료 등은 생계를 유지하기 위한 필수적인 금전이므로 이에 대한 압류를 1/2 범위 내에서 금지한다는 내용이다. 대부분의 CEO는 회사와 각종 금융거래 시 연대보증을 서고 있다. 무한책임을 지는 것이다. 회사가 어려움에 처하게 되면 대표이사 역시 이 문제에서 자유로울 수 없게 된다. 임원이 보유한 개인적인 자산까지 모두 압류 당하게 된다. 경제적으로 매우 어려운 처지에 놓이게 되는 것이다. 이때 퇴직연금이 CEO에게 'Second Chance'를 제공하게 된다. 퇴직금의 압류가 1/2을 초과하지 못하고, 근로기준법 제43조에서는 임금의 전액 지급을 원칙으로 하고 있으므로, 최악의 경우에도 CEO에게 마지막 보루로서의 기능을 한다. 퇴직연금에 가입해야 하는 또

다른 이유이다. 퇴직연금 사업을 영위하고 있는 금융기관은 퇴직금의 일괄·전부 지급 원칙에 따라 퇴직금 전액을 지불하게 될 것이다.

그렇다면 상계는 가능할까? 이에 대해서는 고용노동부와 대법원의 의견을 살펴보겠다. 먼저 고용노동부 정책관은 근로자의 동의가 없는 경우 퇴직금의 전부 지급, 상계 불가 원칙에 입각해 상계는 불가능하다고 유권해석하고 있다. 대법원 또한 퇴직금의 상계는 원칙적으로 불가능하지만, 근로자가 동의한 경우나 단체협약에 특별한 규정이 있는 경우에는 퇴직금의 1/2 범위에서 퇴직금의 상계를 허용하고 있다. 고용노동부와 대법원의 입장은 다음과 같다. 원칙적 상계 불가 + 예외적 허용근로자의 동의가 있는 경우 또는 단체협약 등 특별한 규정이 있는 경우이다. 다만 예외적으로 허용되는 경우에도 근로자의 동의가 자유로운 의사에 기인한 것이어야 하며, 근로자에게 불리하거나 경제생활의 안정을 해할 염려가 없어야 한다는 전제조건이 붙는다.

> ■ 고용노동부 입장: 원칙적 불가 + 전액 지급
>
> 귀하가 질의한 퇴직금과 대여금을 퇴직자 동의 없이 상계처리가 가능한지 여부에 대하여 다음과 같이 답변 드립니다. 근로기준법 제36조는 임금의 전액을 근로자에게 지급하도록 규정하고 있으므로, 근로자가 회사에 대해 지고 있는 대출금 채권(대여금)에 대해 근로자의 동의 없이 일방적으로 퇴직금액으로 상계처리 할 수 없습니다. 따라서 근로기준법 제36조 규정에 따라 퇴직금은 전액 근로자에게 지급되어야 합니다. 다만, 근로관계가 종료 후 근로자가 의무를 이행치 않은 데 대한 사용자의 대여금 체납에 대한 압류 등 민사절차는 민사소송법에 따라야 할 것입니다.
>
> 고용노동부 2010.9.20

■ 대법원 입장: 원칙적 불가 + 예외적 허용(판시사항)

[1] 사용자와 근로자가 매월 지급하는 월급이나 매일 지급하는 일당과 함께 퇴직금으로 일정한 금원을 미리 지급하기로 약정한 경우, 그 '퇴직금 분할 약정'의 효력(원칙적 무효) 및 무효인 위 약정에 의하여 이미 지급한 퇴직금 명목의 금원이 부당이득에 해당하는지 여부(적극)

[2] 사용자가 근로자에게 이미 퇴직금 명목의 금원을 지급하였으나 그것이 퇴직금 지급으로서의 효력이 없어 사용자가 같은 금원 상당의 부당이득반환채권을 갖게 된 경우, 이를 자동채권으로 하여 근로자의 퇴직금채권과 상계할 수 있는지 여부(적극) 및 상계의 허용 범위

■ 재판요지

[1] [다수의견]

사용자와 근로자가 매월 지급하는 월급이나 매일 지급하는 일당과 함께 퇴직금으로 일정한 금원을 미리 지급하기로 약정(이하 '퇴직금 분할 약정'이라 한다)하였다면, 그 약정은 구 근로기준법(2005.1.27. 법률 제7379호로 개정되기 전의 것) 제34조 제3항 전문 소정의 퇴직금 중간정산으로 인정되는 경우가 아닌 한 최종 퇴직 시 발생하는 퇴직금 청구권을 근로자가 사전에 포기하는 것으로서 강행 법규인 같은 법 제34조에 위배되어 무효이고, 그 결과 퇴직금 분할 약정에 따라 사용자가 근로자에게 퇴직금 명목의 금원을 지급하였다 하더라도 퇴직금 지급으로서의 효력이 없다.

그런데 근로관계의 계속 중에 퇴직금 분할 약정에 의하여 월급이나 일당과는 별도로 실질적으로 퇴직금을 미리 지급하기로 한 경우 이는 어디까지나 위 약정이 유효함을 전제로 한 것인바, 그것이 위와 같은 이유로 퇴직금 지급으로서의 효력이 없다면, 사용자는 본래 퇴직금 명목에 해당하는 금원을 지급할 의무가 있었던 것이 아니므로, 위 약정에 의하여 이미 지급한 퇴직금 명목의 금원은 같은 법 제18조 소정의 '근로의 대가로 지급하는 임금'에 해당한다고 할 수 없다. 이처럼 사

용자가 근로자에게 퇴직금 명목의 금원을 실질적으로 지급하였음에도 불구하고 정작 퇴직금 지급으로서의 효력이 인정되지 아니할 뿐만 아니라 같은 법 제18조 소정의 임금 지급으로서의 효력도 인정되지 않는다면, 사용자는 법률상 원인 없이 근로자에게 퇴직금 명목의 금원을 지급함으로써 위 금원 상당의 손해를 입은 반면 근로자는 같은 금액 상당의 이익을 얻은 셈이 되므로, 근로자는 수령한 퇴직금 명목의 금원을 부당이득으로 사용자에게 반환하여야 한다고 보는 것이 공평의 견지에서 합당하다.

[2] [다수의견]

구 근로기준법(2005.1.27.법률 제7379호로 개정되기 전의 것) 제42조 제1항 본문에 의하면 임금은 통화로 직접 근로자에게 그 전액을 지급하여야 하므로 사용자가 근로자에 대하여 가지는 채권으로써 근로자의 임금채권과 상계를 하지 못하는 것이 원칙이고, 이는 경제적·사회적 종속관계에 있는 근로자를 보호하기 위한 것인바, 근로자가 받을 퇴직금도 임금의 성질을 가지므로 역시 마찬가지이다. 다만 계산의 착오 등으로 임금을 초과 지급한 경우에, 근로자가 퇴직 후 그 재직 중 받지 못한 임금이나 퇴직금을 청구하거나, 근로자가 비록 재직 중에 임금을 청구하더라도 위 초과 지급한 시기와 상계권 행사의 시기가 임금의 정산, 조정의 실질을 잃지 않을 만큼 근접하여 있고 나아가 사용자가 상계의 금액과 방법을 미리 예고하는 등으로 근로자의 경제생활의 안정을 해할 염려가 없는 때에는, 사용자는 위 초과 지급한 임금의 반환청구권을 자동채권으로 하여 근로자의 임금채권이나 퇴직금채권과 상계할 수 있다. 그리고 이러한 법리는 사용자가 근로자에게 이미 퇴직금 명목의 금원을 지급하였으나 그것이 퇴직금 지급으로서의 효력이 없어 사용자가 같은 금원 상당의 부당이득반환채권을 갖게 된 경우에 이를 자동채권으로 하여 근로자의 퇴직금채권과 상계하는 때에도 적용된다.

한편 민사집행법 제246조 제1항 제5호는 근로자인 채무자의 생활보장이라는 공익적, 사회정책적 이유에서 '퇴직금 그밖에 이와 비슷한 성질을 가진 급여채권의 2분의 1에 해당하는 금액'을 압류금지채권으로 규정하고 있고, 민법 제497조는 압류금지채권의 채무자는 상계로 채권자에게 대항하지 못한다고 규정하고 있으므로, 사용자가 근로자에게 퇴직금 명목으로 지급한 금원 상당의 부당이득반환채권을 자동채권으로 하여 근로자의 퇴직금채권을 상계하는 것은 퇴직금채권의 2분의 1을 초과하는 부분에 해당하는 금액에 관하여만 허용된다고 봄이 상당하다.

대법원 2010.5.20. 선고 2007다90760

황금낙하산? 적대적 M&A 방어책

　'황금낙하산'이란 적대적 M&A를 방어하는 대표적인 전략의 하나로, 기존의 경영진이 자신의 의사와 상관없이 물러나게 될 경우 막대한 퇴직금을 지급하도록 회사 정관에 명시하는 전략이다. 황금낙하산제도를 도입되게 되면 M&A를 추진하는 쪽에 큰 부담을 주어 궁극적으로 적대적 M&A를 막을 수 있는 효과가 있다. 코스닥 시가총액 1위인 바이오제약업체인 셀트리온은 주주총회에서 황금낙하산제도를 도입했다. 적대적 M&A가 발생하면 퇴직보상금으로 대표이사에게 200억 원, 이사에게 50억 원을 지급하는 조항을 추가한 것이다. 세계적 우수인재나 핵심기술을 보유한 기업은 대기업, 사모펀드 및 다국적 기업들의 타깃이 될 수 있으므로 황금낙하산제도의 도입을 추진하고 있다. 황금낙하산제도는 적대적 M&A를 방지하기 위해 도입되었으나, 실제 도입률은 극히 낮은 편이다. 2011년 5월 13일 금융감독원 전자공시시스템에 따르면 올해 주주총회 개최를 알린 코스닥시장 상장사 719개 중 황금낙하산제도를 도입한 곳은 15개사에 불과하다. 도입률이 2% 미만이다. 황금낙하산제도의 도입이 부진한 이유는, 회사 정관에 명시는 되어 있지만 상법상 근거조항이 없어 적대적 M&A를 당하더라도 실질적으로 대표나 이사가 규정된 비용을 지급 받기는 쉽지 않기 때문이다. 또한 M&A가 해당 주가를 끌어올리는 요인으로 작용할 수 있기 때문에 소액주주가 달가워하지 않기 때문이기도 하다. 아울러 부실한 기업의 방패막이로 전락할 수 있으므로, 제도 도입 시 다방면에 걸친 신중한 검토가 필요하다.

CEO PLAN이란?

CEO PLAN이란 대표이사의 퇴직금을 보험계약으로 준비 후, 퇴직 시 보험계약을 퇴직금 대신 지급하는 형태를 통칭하는 말로서, 그 내용의 핵심내용은 다음과 같다.

1. 정관변경을 통한 퇴직금 한도액 증액
2. 보험계약을 통한 퇴직금 준비
3. 퇴직 시 보험계약 이전계약자 및 수익자 변경을 통한 퇴직금 지급

CEO PLAN은 보험사에서 보험계약 판매 증대를 위해 보험계약의 특성10년 이상의 보험계약에 대한 보험수익비과세 + 사망 등 보장기능과 퇴직소득의 지급을 통한 절세논리를 이용하여 만들어낸 새로운 형태의 보험계약이다. 이 보험계약은 선풍적인 인기를 끌며 보험시장의 큰 손으로 자리매김했다. 세무지식에 해박하고 법인과 임원 인맥이 탁월한 보험설계사를 중심으로 월납 100만 원부터 최고 1억 원이 넘는 고액계약을 유치하며 보험업계의 금맥으로 군림했다. 세무사가 보험설계사 업무까지 병행하는 등 그 파급효과는 엄청났다. 우리나라는 퇴직급여로 현금이나 현물 등 다양한 방법으로 지급 가능하도록 하고 있어 보험계약을 퇴직금으로 지급하든 현금으로 지급하든 토지나 주식

을 양도해 주든 아무런 문제가 되지 않는다. 이런 퇴직급여의 자유 지급의 원칙을 이용해 보험계약을 수익자 변경의 방법을 통해 지급하는 것이 CEO PLAN이다. 그런데 문제는 새롭게 발생한 이런 형태에 대해 과세관청의 엇갈린 반응이었다. 법리적으로 문제가 없는데도 과세관청은 보험계약을 통해 지급하는 퇴직금에 대해 탈세의 온상이 된다는 부정적인 반응을 여러 차례 보였고, 이는 각종 행정해석이나 서면, 인터넷 질의응답을 통해 나타났다. 그러나 과세관청의 원칙이 제대로 마련되어있지 않아 사안마다 엇갈린 해석이 나오면서 많은 논쟁을 일으켰다. 이러한 문제가 있음에도 불구하고 대부분의 보험회사는 수많은 기업의 임원을 CEO PLAN에 가입시켰다. 그런데 2010년 10월 24일자 SBS뉴스를 통해 그 문제점이 드러났다. 보험회사는 CEO PLAN을 퇴직소득으로 받아갈 수 있다고 가입을 권유하나, 관세관청은 이를 근로소득으로 과세하므로 CEO PLAN의 판매는 전형적인 불완전 판매였다는 것이다. 이 방송이 나간 직후 수십만 건에 달하는 CEO PLAN 가입자들은 불만을 터트렸고 결국 금융감독원은 이를 수습하고자 국세청의 입장을 취합하여 각 금융사에 행정조치를 내렸다. 행정조치의 핵심적인 내용은 "CEO PLAN 가입자 중 불완전 판매가 의심되거나 민원제기 등의 문제가 발생할 여지가 있으면 납입원금 전액을 돌려주라"는 내용이었다. 해당 공문이 나간 후 각종 민원이 은행, 보험사에 접수되었고 이에 세무사 및 대형 생명보험사들은 상급부서인 기획재정부 등에 재차 행정해석을 요구하였다. 이에 대해 기획재정부는 'CEO PLAN의 보험계약을 퇴직소득으로 과세하겠다'는 유권해석을 내놓았다.

CEO RISK를 줄여주는 CEO PLAN?

어떤 중소기업이든 CEO는 절대적인 의사결정권을 가지고 있고 기업성장에 있어 핵심적인 역할을 한다. CEO에 따라 경영성과가 극명하게 달라지고 회사의 투자, 자금대여, 영업활동, 신제품 개발 등에 이르는 모든 영역에 영향을 미친다. CEO는 1인 다역이기 때문에 CEO에게 문제가 생기는 것은 기업에게는 가히 치명적이다. CEO가 갑작스럽게 부재할 경우 신규투자 중지, 은행의 자금 회수, 영업 네트워크 차단 등 많은 문제가 발생할 가능성이 높다. 대부분의 중소기업이 이러한 'CEO 리스크'를 항상 안고 있으며 기업의 경영활동에도 늘 공존한다. 따라서 이러한 위험을 줄이는 방안을 적극적으로 모색해야 한다. 'CEO 리스크'의 대표적인 문제점을 다음 두 가지 경우를 통해 살펴보겠다.

거액의 퇴직금을 요구하는 경우

'CEO 리스크'는 CEO가 갑작스런 퇴직금을 요구할 때 발생한다. 대부분의 중소기업의 임원은 퇴직금을 준비하지 않는다. 그러다 나이가 들고 자녀에게 자산을 물려줄 시점이 다가오면 상속·증여세를 대납하기 위해 또는 신규투자, 주택구입 등을 위해 거액의 자금을 요

214

구한다. 이와 같이 준비되지 않은 상황에서 거액의 자금을 요구하면 기업의 실무자들은 당황해한다. 임원이 요구하는 거액의 현금을 보유하고 있지 않을 뿐더러 지급할 근거도 마땅치 않기 때문이다. 상여로 지급하자니 엄청난 세금을 납부해야 하고 퇴직소득으로 지급하자니 규정이 없는 경우가 많기 때문이다. 결국 대여금 형태로 지급하게 된다. 은행에서 대출을 받느라 마음고생은 고생대로 해야 한다. 실무자들이 겪는 큰 어려움이자 'CEO 리스크'의 가장 대표적인 사례다. 그러나 이러한 문제는 사전에 충분히 차단할 수 있고 또 차단되어야 한다. CEO를 위해서이기도 하지만 고용을 유지해야 하는 많은 근로자들을 위해서이기도 하다.

CEO의 갑작스런 유고상황 발생에 대비

'CEO 리스크'의 두 번째 경우는 갑작스런 유고상황이다. 인간의 죽음에 대한 리스크는 언제나 존재한다. 문제는 CEO의 영향력이 워낙 크기 때문에 CEO의 부재가 크게는 회사의 존폐문제로까지 이어진다는 것이다. 특히 자금이 가장 큰 문제이다. CEO 부재에 따른 후속처리가 잘 되었다 하더라도 유가족 등에게 지급할 자금이 준비되어 있지 않을 가능성이 크다. 유가족이 회사를 계속해서 경영할 수 있는 능력이 있다면 다행이지만 그렇지 않은 경우 현금보상 등이 반드시 필요하게 된다. 이럴 때를 대비하는 것이 CEO PLAN이다. 임원의 사망 등 유고상황에 지급되는 사망보험금+해약환급금 등으로 유가족 등에게 지급함으로써 회사는 추가적 자금 준비에 따른 리스크를 줄일 수 있고, 유가족은 안정적인 생활을 보장받을 수 있게 되는 것이다. 또한 기업은 지속적인 경영활동을 할 수 있어 생계를 이어가는 근로자의 고용도 유지되게 된다. 따라서 CEO PLAN은 'CEO 리스크'를 차단하는 목적으로 이용하는 것이 바람직하며 CEO의 퇴직금은 퇴직연금을 통해 해결하는 것이 바람직하다.

▼ CEO PLAN의 형태와 가입

	가입 시	퇴직 시
계약자	회사	회사 → 임원
피보험자	임원	임원
수익자	회사	회사 → 임원

CEO PLAN 가입 시 회계처리

보험료 납입 시

생명보험상품 가입자 보험료 전액을 장기성예금으로 처리

차변	대변
장기성예금 000000000	현금 000000000000

손해보험상품 가입자 사업비 및 위험보험료는 비용으로, 저축 순보험료는 장기성예금으로 처리

차변	대변
장기성예금 000000000000	현금 0000000000000
보험료비용 000000000000	

퇴직금 지급 시

보험계약의 해약환급금이 해당 계약에 대한 장기성예금을 초과
하는 경우

차변	대변
퇴직급여 0000000000000	장기성예금 000000000000
	이자수익　000000000000

보험계약의 해약환급금이 해당 계약에 대한 장기성예금을 미달
하는 경우

차변	대변
퇴직급여　0000000000000	장기성예금 000000000000
보험료비용 0000000000000	

▼ 퇴직연금 vs CEO PLAN 차이비교

	퇴직연금	CEO PLAN
가입목적	퇴직금	퇴직금, 회사 긴급자금, 유가족지원금 등
납입한도	정관규정상	한도액 없음(단, 퇴직금 지급 시 한도액 적용)
회계상 계정	퇴직연금운용자산(비용)	장기성예금(자산)
손비인정	납입 시마다 손비인정	납입기간: 자산(손비인정불가) 자금지급 시: 손비일괄인정
	당기순이익 변동에 따라 납입 시마다 손비인정이 일괄인정보다 대체적으로 유리	
비용	수수료 0.2~0.8%	사업비 약 10~20%
중도인출	DC가능, DB불가	가능
중도인출 사유	1) 1년 이상 무주택인자인 세대주가 주택구매 시 2) 3개월 이상 치료 또는 요양 3) 천재지변, 전쟁 시	사유제한 없음
중도인출 한도	적립금 내 100%까지	해약환급금 50~80% 범위까지
결론	퇴직금은 퇴직연금으로, CEO RISK 제거는 CEO PLAN으로	

회사는 당신의 노후를 절대 책임지지 않는다

초판인쇄	2014년 6월 1일
초판발행	2014년 6월 10일
지은이	조영만
펴낸이	안종만
편 집	김선민 · 김효선
기획/마케팅	조성호 · 정병조
표지디자인	홍실비아
제 작	우인도 · 고철민
펴낸곳	(주) **박영사**
	서울특별시 종로구 평동 13-31번지
	등록 1959.3.11. 제300-1959-1호(倫)
전 화	02)733-6771
f a x	02)736-4818
e-mail	pys@pybook.co.kr
homepage	www.pybook.co.kr
ISBN	978-89-6454-222-4 03320

copyright©조영만, 2014, Printed in Korea

정 가   15,000 원